経営の言語化

社員と組織を成長させる言葉の力

河野佳介
Keisuke Kawano

はじめに

皆さんは、経営者や組織のリーダーとして様々な悩みを抱えているのではないでしょうか。本当にこれでいいのかと、悩むのは当然だと思います。それは、学校の勉強と違い、経営には正解がないからです。経営者向けのセミナーや勉強会などといった会合では、「会社の理念が浸透しない」「社員が思ったように動いてくれない」「自分がやったほうが早い」といった悩みをよく聞きます。そして、こうした悩みを解消することができずに、「うちの社員は能力が低い」「どうやったら優秀な社員を採用できるのだろう」と、残念な愚痴をこぼす人までいるくらいです。

経営やマネジメントをしていれば、悩みが尽きることはありません。一つ課題をクリアしても、新しいステージに到達したらそこでまた、新たな課題が出てくるからです。でも、安心してください。今、目の前にある悩みは、必ず解決できます。

その答えは、本書のテーマ「経営の言語化」にあるのです。皆さんご自身が自分の言葉で自分の経営に関する考え方や、これまでやってきたことの意味を言語化し、社員をはじめとする仕事に関わる人たちと共有すればいいだけです。

そう言うと、言葉でうまく表したからといって、簡単に問題が解決するはずがないという声が聞こえてきそうです。

ここで、言語化の一例を見てみましょう。近年の寿司職人養成学校です。かつては一人前の職人になるのに、10年以上かけて伝承していた寿司の伝統的な技術やノウハウを、半年から1年という短期間で学べる学校が登場し、その卒業生が国内外で活躍しています。

寿司職人養成学校の先生たちは、自身が長い修業を経て一人前の寿司職人となった経験を持ち、これまでの伝統を守りながらも、現代の需要に即したスキルを効果的に伝えています。なぜこんなことができるのか。それは「ノウハウを言語化できている」からです。技術だけでなく、接客、仕事への姿勢、経営に関する幅広いスキルや知識を短期間で教授できるのです。

同様に、私たち経営者やリーダーの皆様も、これまでの自分の経験を通し、今必要な考え方などを的確に言語化し共有できれば、効率的に理想の組織がつくれるはずです。社員の皆さんが同じ方向を向くことで、1年もかからず立派な戦力として活躍してくれるようになります。そのためには、本書を通してそのコツを理解し、これまでの経験や経営の考え方を実際に言語化してみてください。

言語化と聞くと、「なんだか難しそうだ」と思う人もいるでしょうが、実はそんなことはありません。

経営の言語化とは、成功や失敗、物が売れた理由、人に感謝されたことといった、これまでに行ってきたことの結果を振り返ることが基本です。常に考えて、考えて、深掘りし言語化していくことで、これまでとは見えるものが変わってくるのです。

一緒に皆さんの経営を言語化してみましょう。たとえすぐに答えが見つからなくても大丈夫です。ふとしたことがきっかけで、答えが見えてくることもあります。経営で何度も挑戦するのと同じように、頭の片隅で考え続ければいいのです。

言語化するからといって、何も偉そうに語る必要はありません。リーダーとしてビシッと決めなくてはならない、などと考える必要もありません。自分を大きく見せようとしても、すぐに社員に見透かされてしまいます。

何よりも大切なのは、経営の言語化をテーマに社員と経営について考える時間をつくり、経営についての言語化で社員のすごいところを見つけられたら、褒めることです。話し合いの中で社員の考え方が間違っていることが明らかになった時には、一方的に教えたり叱ったりするのではなく、共に考えて気付きを促していけばいいのです。

私が「経営の言語化」による力を、これほどまでに皆さんに自信を持って訴えているのは、私自身が言語化によって、経営者として大きく成長した経験をしてきたからです。

私が代表取締役を務める「株式会社五常」は、元々1社の取引先に依存する建築施工会社でした。たった1社の顧客に、売上の95％も依存していたのです。社員は職人8名と代表のみ。主な業務内容は、ホームセンターの屋外売り場を作ることで、屋根をかけたり、土間を打ったり、ラック棚を組み立てるという仕事が全てでした。

傍から見たら、1社のみの顧客に依存し限定的な仕事をしている会社には、潰しの利くノウハウや技術は蓄積されず、事業を拡大させることが難しいように思われるかもしれません。しかし、日々考え続け、言語化を行った結果、自分たちの価値と素晴らしさ、未来への可能性に気が付き、さらには自分たちの仕事の意義や意味を明確にすることができたのです。そして今では、売上が10倍、事業を5つに拡大し、社員も27名と、この11年で全く別の会社に生まれ変わることができました。

こうした経験を通じて、私が経営において最も重要であると気付いたことを言語化するならば、「商売＝悩み解消」であるということです。ただ商品やサービスを売るのではなく、悩みを解消することを商売にすれば、売上は上がります。

経営の言語化を行って、皆さんの事業の本質が社員にはっきり見えるようになれば、自分事化できるようになります。言語化は誰にでもできることで、経営者や部署を任されるリーダーの方にとって、大切な能力だと思います。感覚やセンスといった属人的なものを言語化できると、その本質が社員や部下に伝わり、共感が得られ、任せることができるようになります。任されたほうも言語化によって判断基準ができるので、悩まずに業務にあたれるようになります。

本書では、これまでに私がたくさんの優秀なビジネスパーソンとの出会いで得たことを言語化したものや、言語化するためのキーワードを紹介しています。皆さんにも、新たな気付きや、たくさんの行動が生まれることを願っております。

本書が中小企業経営者、事業責任者、マネージャーをはじめとするビジネスに関わる全ての方のお役に立てれば幸いです。

経営の言語化 目次

第2章 「学び」が身につかない経営者に足りないもの

第3章 「商売の本質」を言語化する

第4章 「商売の価値」を言語化する

第5章 「新規事業」を言語化する

第6章「捨てる」ものを言語化する

第7章 「組織体制」を言語化する

終章　経営の言語化を始めよう

art director　奥村靫正（TSTJ Inc.）
designer　真崎琴実（TSTJ Inc.）

第1章

「言語化」が企業の成長を左右する

経営者だけが持つ感覚を言語化して明らかにする

そもそも言語化とはなんでしょうか。

言語化とは、「見えないものを見えるようにすること」だと言い換えることができます。ここで言う「見えないもの」とは、経営における感覚や考え方、商売の目的や本質といったものです。自分の感覚は他人に伝わりませんが、それを言語化することで人に伝わり、共感を生み出すことができるようになります。その共感がまた別の人の新しい行動を生み、新たな言語化へとつながるのです。

昨今のＳＮＳは、まさにそれです。ＳＮＳの内容は、誰かが思ったこと、感じたことが言語化された情報で、それは瞬く間に世界に広がっていきます。感覚が言語化で見える形になり、それに共感した人が、その先の共感を生んでいるのです。

会社経営に置き換えて考えてみましょう。経営者の考えが社員や取引先に理解してもらえないと悩むこともあるでしょう。それは周りが悪いのではなく、私たち経営者自身が共感できる形に言語化できていないからなのです。どんなに優れた考えでも、人の心の中に留まっていては、絶対に伝わることはないのです。

「これは画期的で、とても良い商品だ。絶対に売れるぞ！」と、意気込んで販売開始しても、思うように売れなかったという経験をしたことがある人は少なくないと思います。

その理由は非常にシンプルで、どんなに自分がいいと思っていても、自分の感動を誰かに共感してもらえなければ、購買という行動にはつながらないのです。見える形——言語化されることによって初めて、感動が周りの人にも伝わり、「手に取ってみたい」と思わせることができます。

感覚が見えるようになることで、多くの人の共感を生み、物が売れるようになります。

スーパー銭湯のお湯に浸かりながら、そのことに気が付きました。

皆さん、「整《ととの》う」という言葉を聞いたことはないでしょうか。

そうです。サウナで感じることができる感覚を言語化した言葉です。サウナに入ったことのない方も、この言葉は聞いたことがあるのではないでしょうか。サウナに入って火照《ほて》った体を水風呂で急激に冷やし、そのまま屋外のベッドに横たわると、なんとも言えない、フワフワとした感覚を得ることができます。それは大変気持ちの良い感覚で、この感覚を得られることを表した言葉が「整う」です。

これを3回ほど繰り返すのが、基本的なサウナの入り方だとされています。この感覚を「整う」という言葉で誰かが言語化し、たくさんの人がこの感覚を求めてサウナを堪能するブームが巻き起こっています。

昔は、サウナ＝おじさんが汗だくで我慢するもの、そんなイメージもありました。「サウナが趣味です」なんて言っても、あまりみんなにピンときてはもらえなかったでしょう。

その理由は、この感覚が言語化されておらず、共感してもらえなかったからです。ただそれだけなのです。でも、サウナ愛好家同士は、この感覚を共感できていたのだと思います。そしてこの感覚が「整う」と言語化され、見える化しました。その結果、これまでサウナには関心がなかった人たちの興味を誘い、ブームを巻き起こしたのです。サウナハットなる商品まで登場し、関連商材も売れているようです。言語化は共感を生み、物が売れるきっかけにもなるのです。

そしてもう一つ、言語化はさらなる発展をもたらします。飛行機といえば、皆さんはどんな飛行機をイメージするでしょうか。小型プロペラ機や、ジェット旅客機、音速の戦闘機をイメージした人もいるかもしれません。いろいろな種類があり、機能や大きさによって、それぞれに言語化された仕様で呼び名があります。共通しているのは、翼があって、動力があって、空を飛ぶといったことでしょうか。

では、「なぜ飛行機が飛ぶのか」。この見えない部分を説明するのは少し難しくなります。でも、子どもには子どもにわかるように、大人には大人向けに、専門家には専門用語で、それぞれの言語レベルで説明すれば、納得してもらえると思います。

ライト兄弟は、「なぜ飛行機が飛ぶのか」を言語化し、実際に形にして飛ばしてみせたのです。その言語化された内容を世の中の人が理解し、次の人にバトンタッチされ、より速く、より大きく、用途に応じて様々な形の飛行機が生まれることにつながりました。

私たち経営者は常に考えています。

その考えの中からより良いものを、自分の感覚を頼りに選び、大きな決断をすると思います。それがうまくいった時、運が良かったと言語化することもあるでしょう。でも、〝運〟という言語化では社員にバトンタッチできません。「やってみなさい。運が良ければうまくいくよ」なんて誰も言わないでしょう。

ではその、〝運〟とはなんでしょうか。

世の中の状況を考慮し、これまでの経験から価格的にもメリットがあり、品質についてもこのレベルなら喜んでもらえて、さらに革新性も見込める。そしてこんな人のお役に立てると確信した――。

一つずつひもとくと、そうした思考の積み重ねが〝運〟という決断の背景にあるのです。だから、物事を判断する時の感覚や、見るべきポイントなどを一つずつ言語化できれば、社員や周囲の人たちが経営者と同じ感覚に近いところで決断をしてくれるようになり、あとは一人ひとりの裁量に任せることができるようになるのです。

社員が自分で考えて取り組んでいることに対して、「なんでそんなやり方をしているの?」と愚痴をこぼしてしまう要因は、我々経営者が自分の感覚を言語化できていない、ただそれだけなのかもしれません。

私が代表を務める株式会社五常では、様々なサービスを提供しています。いずれのサービスのホームページにも共通しているのは、このサイトが誰に向けたもので、どんな思いで作ったのかということ、そして、誰のどんな悩みを解消するサービスなのかを言語化し、記載しているということです。この部分はお客様には分かっていただけないかもしれませんが、そのサービスを提供する私たち社員全員が、お客様への向き合い方や考え方を理解することが最も重要なのです。その上で自分たちにできることを考え、行っていれば、結果的に「ありがとう」という御礼の言葉と一緒にお金もいただけるのです。

それは、お客様だけでなく、取引先、パートナーにも伝わります。その証拠に、私たちの会社で扱っているのはどこにでも売られているような台車ですが「台車は五常さんから買いたい」と言っていただけます。これは、五常の社員を通じて、経営の考え方や姿勢に共感していただけたからなのだと考えています。

経営の言語化は、我々経営者にとって重要な業務の一つなのです。

2つの事例から学ぶ、言語化することの意義

ここではもう少し深く、言語化の意味について考えてみましょう。私たち経営者に求められている言語化は、経営の中で起こっている様々なことの本質や価値、時には人の感覚に頼っている部分を言語として明確にすることです。なぜそれが必要なのか、その意味について、2つの事例を通じて考えてみたいと思います。

事例 1-1

価格の言語化で社員が成長

私たちは、日々何かを決断し、動いています。トイレに行くのに、まずは席を立とう、そして右足から歩き出そう、トイレに着いたら一番右の個室に入ろう、といった具合です。そんなことは、わざわざ言葉にすることなく決めていると思います。そうです、普段の生活の中での行動は、基本的に感覚で行っているのです。その理由を言葉にしても、特別な意味はここにはないのかもしれません。

一方で、元オリンピック体操選手の内村航平《うちむらこうへい》選手は、鉄棒競技の技を繰り出す際の目線、腕の向きや角度、つま先の向き、指先一つひとつの角度に至るまで、100項目以上が言語化されていると聞きました。だから、後輩選手にも的確にアドバイスができるのでしょう。経営者の感覚の言語化もこれに近いものがあると思います。これができれば、社員は経営者と同じように決断できるようになり、いろいろなことを任せられるようになると思います。

経営において価格決定は、重要な仕事の一つです。最終的に利益が残るかどうかは、ここが大きく関わってきます。

それまで、私自身も価格決定を自分の感覚に頼ってやってきました。「競合よりも安く」とか、「1台売れたら3000円利益が出るといいな」といった具合です。このやり方でも事業は拡大し、利益も確保でき、結果的にうまくいっていました。経営者は結果に対し自分で責任を取ることができますが、社員はそうはいきません。誰もそんな責任を負いたくないし、感じたくないと思います。では社員に価格決定を任せるとしたら、どうすればいいのか。

まず、私は自分の価格決定の仕方を言語化していきました。いつもぼんやりと意識していた粗利率を明確にしたのです。A事業は65%、B事業は40%、C事業は25%という具合です。その結果、全体的に粗利率を35%は確保できるようになることが分かりました。

各事業の目標粗利率を担当者と共有し、商品一つひとつの細かい価格決定を任せることができるようになりました。

ですが、価格決定ができるようになったことが、言語化の意義ではありません。この価格決定の権限移譲を行ってから、社員が担当する事業を自分事として捉え、「この事業をなんとかしたい」と責任を持って仕事に取り組んでくれるようになりました。また、お客様との打ち合わせの際、この部分は少し値引きしても、こっちの商品で利益が確保できるから大丈夫と、一人ひとりが考えて決断できるようになったのです。

社員一人ひとりが自分で考えて行動できるようになるという意義が、この言語化にはあったのです。とはいっても、最終的な利益の責任は経営者が全て持つことも言語化し、それによって、みんなが安心してチャレンジできるようになりました。

事例1-2　強みを言語化してサービスを確立

10年ほど前に、経営者の勉強会でこんな話を聞きました。

ある機械メーカーの金型屋さんの経営者の話です。金型製作の仕事は、メーカーの下請けとして価格を叩かれ、大変な思いをしている中小企業も多く、彼らも例外ではありませんでした。その一方で、あるお客様は言い値でＯＫが出る――すなわち利益を何倍ももらえる仕事もあったのです。そんなお客様に対してその金型屋さんは、上客（ありがたいお客様）という認識くらいで経営を行っていたそうです。もちろん、そんな仕事は稀《まれ》で、厳しい経営状況には変わりありませんでした。

彼らは経営状況を改善するべく、あるコンサルタントに依頼しました。コンサルタントは、その〝上客〟の存在に着目しました。「なぜこの会社だけは、粗利を高く確保できるのですか」というコンサルタントからの質問に、その時は彼らも理由を明確に語ることはできなかったそうです。

その後、会社のことを分析する中で、自社の強みについて、こんな特徴が分かってきました。それは、どんな内容の仕事も基本的に断らず、短納期の仕事でも3日で試作の金型を作り上げられるということでした。試作を3日で作り上げられる企業は、日本中どこを探してもなく、コンサルタントは、その金型屋さんの本当の価値、選ばれる理由に気付いたのです。

経営者にとってはあまりにも当たり前のことすぎて、特別なことだと気付かなかったのです。そして、〝上客〟の担当者に改めて自社を採用してくれる理由を聞いてみたことで、経営者自身がお客様に喜んでもらえるポイントを認識し、自社の価値を言語化できたのでした。

その後、自分たちの価値を「試作特急サービス3DAY」というサービス名で表現したということです。今では、そのサービスを求めるお客様が列をなし、これまでの薄利多売の仕事は捨てて、売上も利益も上がって経営改善したというストーリーでした。

この話を聞いた時、私自身はというと、新しい台車レンタルのサービスを立ち上げるにあたり、「サービス名は『台車レンタル特急便』だ!」と思い付くことで満足して帰り、この話の本質を理解できていませんでした。

自社の本当の価値に気が付くと、売り方、売るものは変えなくても、自社の特徴を言語化して情報発信するだけで、行列ができるサービスをつくれるのです。

自社の特徴を言語化する時に重要なキーワードは、「本当の価値はお客様が決める」ということ、そして「自社の価値は、これまで利用してくれたお客様が必ず答えを持っている」ということです。

そして、自分たちの本当の価値を言語化できると、新しい戦術が見えてくるだけでなく、そこで働く社員にも働く意義や意味が見えるようになります。

短納期はただのノウハウではなく、それによりたくさんの人の悩みを解決できて、それがお客様から感謝され、働いている人にとって何よりうれしいことでもあります。そうなると、今よりももっと生産性を上げようと前向きに取り組むきっかけになり、このノウハウでもっと別の業界の人や喜んでくれる人がいないかを探すきっかけにもなるのです。

また、産業の発展に貢献している会社だと気付くことができれば家族にも自慢できますし、家族を働かせたい会社にもなるでしょう。これが言語化の本当の意味です。

収益だけでなく、働く人の考えや行動まで前向きに変えるきっかけになるのです。

非対面の時代だからこそ言語化が求められている

言語化がなぜ今、必要なのか。そのことについて少し深掘りしてみましょう。

本書を手に取ってくださっている方には、経営者や部署のリーダーとして活躍されている方、また、今後そういう立場になる方も多いでしょう。チームや組織のトップになると、必ず同じ悩みを抱えることになります。それは、自分の考えがなかなか伝わらない、分かってもらえないということです。

時には、経営者として大切にしていることが他の経営者に共感されず、「自分の考え方は間違っているのかな」と疑問を感じ、コミュニケーションを諦める人もいます。

どうして自分の考えが伝わらず、コミュニケーションをとるのが難しいのか。

それは、コミュニケーションを少なくしても、商売が成り立つものが多くなったことに関係があります。長谷川町子氏のマンガ『サザエさん』に出てくる三河屋さんの御用聞きのように、昔は対面の商売が当たり前でした。そこでの世間話の中から、次の商売が生まれることもあったでしょう。コミュニケーションが仕事の一つだったのです。

一方で、コロナ禍で一気に広まったUber Eatsをはじめとする宅配サービスでは、注文した食事を玄関の前に置いたら、顔を合わせることもなく帰ってしまいます。物を運ぶことだけが仕事になり、コミュニケーションが少なくて済むという部分にむしろ価値を感じている顧客もいます。

企業は、顧客とのコミュニケーションをコストと考えるようにもなりました。「コミュニケーションコスト」なる言葉も言語化されています。いかに顧客との意思疎通を簡略化し、情報伝達にかかる手間や時間を省けるかを考えるようになっているのです。これにより、サービスの低価格化も進み、ユーザーにとってはサービスを利用するハードルが低くなる一方、しっくりこなければ次のサービスに乗り換えるのも簡単になっています。

資金力のある大手事業者であれば、その低価格化戦略でマーケットシェアを押さえる戦略もあるかもしれませんが、中小企業ではそうはいきません。自分たちが顧客に選ばれる本当の理由を言語化し、それを必要とする人に情報として届けられないと、世の中に溢れる商品やサービスに埋もれてしまうのです。

お客様とのコミュニケーションを密にとり、その内容を言語化して発信することが経営においては非常に重要です。お客様が１００人いれば、１００の理由があるのです。それを言語化できれば、きっと未来の集客にもつながっていくはずです。

私たち経営者やリーダーの多くは、自分の考えを言語化することに慣れていません。先の金型屋さんと同様に、自社の価値を社員と共有できていないかもしれません。そして、経営者やリーダーが大切にしている考え方、ポリシー、ビジョンが明確に言語化できていないのであれば、自社の価値はなおさら伝わらないのです。会社が5年、10年と続いているのであれば、必ず社会に大きな役割を果たし、誰かの悩みを解消していることでしょう。「あなたの会社でなければ困る」というお客様がいるはずなのです。その理由を言語化できれば、社員の働く意義も明確になり、きっと自分の会社の役割を言語化して、家族に話したくなるはずです。

情報が溢れ、深く自分のことを考える時間が少なく、自分の本当の課題を言語化しなくても、数ある便利なサービスに浸ることで、なんとなく日々を過ごせてしまう現代。サービスを提供する人、そのサービスを日々最前線で動かしている人たちにとって、この言語化は大変重要です。経営者・リーダーと社員が共通の言語で語り、共通の判断基準で決断し、同じ物差しで考えて答えを導くことができれば、強い文化が醸成されます。言語化を通じて、自分たちの本当の価値を知り、伝えることで文化は醸成されていくものです。言語化はコミュニケーションが希薄になっている現代だからこそ、大変重要な役割を果たすと私は考えています。

自社がなんのプロか答えられる経営者は実は少ない

「皆さんは、なんのプロでしょうか？」

私は、研修やセミナーなどでこのような質問を受講者の皆さんにするのですが、これに対してきっちりと答えられる人が意外に少ないのです。

私、河野佳介は、千葉県千葉市若葉区で株式会社五常を経営しています。五常は、顧客の課題を見つけて解決するプロ集団です。主な事業は、物流機器のネット通販、物流機器の開発、総合建築工事業の運営です。

顧客との最初の接点（集客方法）は、各種事業別のウェブサイト（ホームページ）です。各ウェブサイトは、一般的な通販サイトとは大きく異なります。弊社のウェブサイトには、ショッピングカートがありません。お客様はワンクリックでは購入・決済まで完結できない仕組みになっています。実はそこに、顧客の課題を見つけて解決するプロ集団である理由が隠れています。

「この商品がほしいな」という顧客が、サイト上で注文依頼や見積依頼というページを通して、一般の通販サイトと同様に個人情報を入力し、送信ボタンをクリックします。その依頼情報のメールが弊社に飛んできます。そして、ここからがキモになる部分です。

弊社のスタッフ（Dガールズ＝台車ガールズ）が、顧客一人ひとりに必ず電話をするのです。在庫確認や、納期確認が目的ではありません。次の2つの質問をするのが目的です。

「なぜこの商品を購入しようと思ったのですか？」

「これまではどうしていたのですか？」

このように、電話で購入理由やこれまでの現場の状況を聞き出します。そうすることで、顧客の悩みを理解し、そこに共感（自分事化）した上で、必要であればその解決策（商品等）をその場で提案しています。実は、顧客がメールを送信した時点で「欲しい」と思った商品では、現場の課題を解決できないことも多いのです。簡単に言うと、以下のようなやり取りが日々なされています。

顧　客：女性社員がたくさんの荷物を運ぶのに大変な思いをしているから、大きな台

車を買って楽にしてあげたいんです。

Dガールズ：それなら大きな台車はやめたほうがいいです。大きな台車は重くて押すのが大変ですし、背が高い台車は前が見えないので事故も多いのです。お客様と同じような現場では、こちらの小さな台車が喜ばれていますよ。しかもお安いです。

この顧客の課題を見つけるプロセスは、同業のネット通販事業やメーカーが真似できない差別化となっており、多くの顧客に支持されています。

簡単に五常の事業を紹介しましたが、白状するとこの流れは最初から狙っていたものではありません。実は、会社の規模が小さかった時期に、便利なショッピングカートを持ったサイトを作る資金が足りなかっただけなのです（苦笑）。

一見すると顧客にとって不便なサイトのように見えますが、毎日数十件の新規の問い合わせが来ています。リピーターも多いので、課題を共感してもらえるという点に価値を感じていただけているのでしょう。お客様の行列ができるのは、私たちが課題を見つけて解決するプロであるという証拠なのです。

話は戻りますが、皆さんが所属する部署がウェブ事業部であれば、マーケティングや情報発信のプロです。きれいなホームページを作ることは手段でしかないのです。精密機械を作る製造業の経営者ならば、他社には真似できない製品で、お客様の課題を解決するプロなのでしょう。

3年、5年、10年と経営が存続しているのであれば、必ず顧客が何らかの価値を感じているはずなのです。すなわちその顧客にとって、なくてはならない存在のはずですが、「うちは特徴なんてないですよ」「信頼だけがうちの強みだよ」と曖昧《あいまい》な答えしか見出せていないことが、非常に多いのです。本当はその業界のプロであり、たくさんのお客様を喜ばせているのに、そのことに気付かずに語れない経営者がたくさんおり、これは実にもったいないと感じています。

とても素晴らしい取り組みをしている企業なのに、その魅力が伝わらずに求人への応募がない、新規事業の意義を語れず銀行からの融資が進まない、などということもあるでしょう。

何度も言いますが、事業を運営している人は何らかのプロなのです。とてもすごいコトをやっているのに、そのすごさに気付いておらず、感覚でやってのけています。その感覚をきちんと言語化できると、働く社員に仕事の意味を語れるようになりますし、働きがいを見出すこともできるようになるのです。そして求人に応募してきた人に、自社の魅力や価値を確かな言葉で伝えることもできます。

自社の経営を言語化し、一つでも自社の素晴らしさを経営者が語れるようになれば、社員・取引先・そして社会に大きな影響を与えることができるでしょう。そのためには、本書を通じて皆さんと一緒に、本質を見つける力を身につけることができればと思います。

さあ、経営の言語化を始めましょう。

第2章

「学び」が身につかない経営者に足りないもの

経営者にとっての「学び」を言語化してみる

私は、五常に入社してから、ずっと続けてきたことがあります。それは、経営者としての学びです。その学びを通じて、自身の経営を言語化し続けてきました。当初は言語化という認識はありませんでしたが、これまでやってきたことを振り返ると、考えて、考えて、言語化して、誰かと共有していることに気が付きました。

経営者としての学びとは、ビジネス書を読んでとにかくやってみたり、経営コンサルティング会社の主催する経営戦略・マーケティング・営業・人事・財務等のテクニックを学べるセミナーに参加をしては実践を繰り返すといったものです。他の経営者の実践報告を聞いて討論したこともありました。それらと並行して、自身の経営の実践報告や五常での新規事業の内容を体系立てたセミナーや、「経営者の悩み」を解消に導くセミナーなどを開催してきました。

これまでを振り返ると、「経営」と「学び」は常に切っても切り離せないもので、皆さんも同様に学び続けていると思います。

では、私たち経営者の学びとは何でしょうか。どうすることが学びなのでしょうか。それを言語化できると、自分自身と社員の成長につながってくると私は考えます。

「はじめに」でも書きましたが、経営の言語化のポイントは、行ってきたことの中に全ての答えがあります。すなわち経験の中にこそ気付きや学びがあるのです。一方で、経験が少なければ、まずはがむしゃらにでもやってみる、行動して経験をすることが必要と言えます。その上で、なぜその結果がもたらされたのかを考えるのです。うまくいった時には成功の理由、思ったような実績につながらなかった時には失敗の理由が隠れています。

経営者にとっての学びとは、「実践と、その結果について考え続けること」であると私は考えています。

私はこれを12年間にわたって繰り返し、商売の本質を言語化することができました。

これから皆さんが経営の言語化を行うにあたり、なぜこの学びについて、本書で取り上げるのかというと、この学びの繰り返しと、言語化の繰り返しにより、商売の本質に辿り着くことができたからです。

それでは、経営者の学びについて考えてみましょう。

「TTP」は大切だが、その先を意識することも重要

経営者勉強会で、「TTP」という言葉をよく耳にします。初めて聞く人もいるかもしれませんが、TTPとは「徹底的にパクる」の略語です。

なぜ〝パクる〟ことが重要なのでしょうか。

TPPは、経験の浅い経営者にとっては、大変重要なキーワードです。

私たちは、生まれてから親の言葉を真似て、言語を覚えてきました。親がやるように立ち、歩き、走れるようになる。「走る」という基本の経験が、長距離、短距離、ハードル、高跳び、幅跳びといった、バリエーションの基礎になっていくのでしょう。

学生時代には、基礎を学び、徐々に考察や経験を深め、その能力を尖《とが》らせてきたと思います。これは経営も同じだと考えます。経営も、様々な取り組み、実践をベースとして、自社の個性を磨いていく。経験が浅い時期には、成功している経営者がやっていることをとにかく正確に真似をして、無意識にできるようになるまでパクリ続けることが重要です。自分流の方法を見つけ出したくなるかもしれませんが、そこはぐっとこらえて、型が

身につくまでは、ＴＴＰし続けるのです。

先ほども書きましたが、経営者の学びは、「実践と、その結果について考え続けること」です。すなわち実践が伴っていない、経験が少ない人にとっては、まずはどんなことでもやってみて経験を積むことが大切なのです。

ここで、一つ注意が必要です。ただ実践を続けているだけではいけません。あれをやってダメ。これをやってダメ。それをやったら、売れた。それでは次にというやり方です。

出会って10年になる経営者に、勉強会で聞いたことや教わったことのＴＴＰだけをやり続けている人がいます。確かに実践は多いのですが、その結果について考えることが圧倒的に不足しています。私が知る限りでも10年間もやってきているのです。行ったことの結果についてその都度の考察を重ねていれば、自分なりの成功のポイントが言語化できて、既存の事業にそれが生かされ、選ばれる事業をつくり続けることができるようになっているはずです。

何か新しいことをやり続ける、その結果と向き合う、振り返る、考えるということ――。これはビジネスパーソンにおける重要な学び方なのだと思います。

それでは、その「考える」という学びについて考えてみましょう。

「インプット」と「アウトプット」をセットで学ぶ

私たちビジネスパーソンの学び方とは、どういったものでしょうか？　学生の頃の学び方とは、どんな違いがあるのでしょうか。ぜひ、社員の皆さんと一緒に考えてみてください。

私たちビジネスパーソンの学び方とは、本を読む、専門家の話を聞く、セミナーを受けて知識をつける、人に教える、自分の言葉にする、成功した理由を見つける、本質を語るなどでしょうか。

ちょっと的外れな答えが出てきた時には、「それってどういう意味？」と、質問してみるといいでしょう。

いろいろな答えが出てくると思いますが、それらを大きく2つに分けてみてください。

一つはインプットである「情報収集型」です。知識を入れる、視野を広げる、知らない業界のことを知るなどです。

もう一つはアウトプットの「発信型」です。インプットで得た知識を生かし、これまでの経験を語ったり、人に説明したり、やっていることを教えてみる。実践と結果について考えること、これはまさにアウトプットの学び方なのです。

情報収集型の学びばかりの経営者が、学びの後に漏らす感想には共通点があります。

それは、「いい話を聞いた」「今日の業界の話は自分に関係ない」といった浅い感想です。もし、こういう感想が多いと感じる人は注意が必要です。数年前と同じ経営課題に今も頭を抱えていることも珍しくありません。だって、行動に移せていないのですから。先のTTPでもいいので、まずはやってみることが大切です。

一方で、日々チャレンジして成功を収めている経営者に「どうしてうまくいったの?」という質問をして、「運が良かった」という答えを一度は聞いたことがあるのではないでしょうか。大きな成功を収めた経営者は、日々たくさんの取り組みの中で、たまたま一つの成功につながったと感じ、それを運がいいという言葉で表現しているのです。

本当はたくさんの努力や失敗があり、その中の一つに成功があるのだと思います。そしてそこには成功の本質――これからの取り組みを成功に導くヒントが隠れているのです。

その成功の本質はなんなのだろうと考え、それを言語化して人に伝えることこそが、アウトプットの「発信型」の学び方なのです。

最近、「乗る扇風機」なるものがリリースされ、初回ロットが即完売するヒット商品になったと言います。開発当初は、風呂上がりの火照った体をクールダウンすることを想定していたそうです。濡れた体に足元から風を送ることで、体から気化熱を奪って涼しくなるという仕組みです。でも、購入した方に、実際どんな使い方をしているかを聞いてみると、最も多かったのがドライヤーで髪を乾かす時に使うのだそうです。特に髪の長い女性が、夏の暑さや浴室の熱気が充満する洗面所で、ドライヤーを使っている時の、あの不快感の解消を目的に使っているということでした。

ヒットと言わず、一つでも売れた時点で、なぜお客様はそれを買いたいと思ったのか、またどんな目的で購入したのか情報収集するといった、マーケティングを忘れてはいけません。そして、売れた本当の理由、お客様がどんな価値を感じているのかを理解したところで、次の行動が生まれるのです。この例であれば、ドライヤーで髪を乾かす人たちの潜在的な悩みを解消できると情報発信し、さらにその人たち向けに商品を改良する。考えてその結果を言語化することで、さらにビジネスは発展していきます。

そして、ここからがアウトプットの学びや気付きになります。なぜ潜在的なニーズが顕在化したのか。それは、具体的に販売してみたからです。すなわち、行動して結果が生まれたのです。お客様の本当の悩みに気付くには、一人で考えているだけではダメで、必ず具体的なアクションを起こし、行動することが重要だということに気が付きます。このような考え方を、悩んで足踏みしている社員や部署のメンバーにアウトプットすることで、社内全体の学びにつながるのです。

暗記するのではなく「自分事」に置き換えて考える

もう少し、学び方について具体的に考えてみましょう。

小学校の授業で、先生の言うことを10聞きながらメモを取る生徒と、先生の言うことを5つ聞きながらメモを取り、5つは放課後の遊びのことを考えている生徒がいるとします。ちなみに私は常に後者でしたが、どちらでも成績がそれなりならば、まあいいでしょう。

一方で、経営者の学びで、講師の言うことを10聞きながらひたすらメモを取るのと、講師の言うことを5つ聞いてメモをしながら、5つは自分のビジネスの次の一手を考えるとします。その話の本質を自分のビジネスにひもづけ、不足しているピースを埋めるようなイメージです。このような聞き方をしていると、「自分の経営課題のここが解決できるかも」「これは明日すぐにやってみたい」「うちの社員はすごいことをしているな」と気付けたりもするのです。人の話を他人事でただ聞くのではなく、自分の仕事に結びつける「自分事」を心がけていくと、気付きの量が変わります。ぜひ実践してみてください。

本も同じで、読むのは5、自分の仕事を5、いや読むのは3、自分の仕事を7くらいで考えながら読むのもいいでしょう。

本書ではマーケティングや組織論などにも触れますが、いわゆる専門用語を学ぶようなことはしません。あくまで、読みながら、皆さんが置かれたそれぞれ異なる環境の中で特有の無数の気付きを得るため、私なりに経営を言語化していきます。そして、皆さん一人ひとりが自分事で考え、自身でそれぞれの経営を言語化できることを願っています。

学ぶとは考えることです。難しい研修も大切ですが、ニュースを話題になぜこんな事件が起こるのだろうと、社員と一緒に考えるといいでしょう。考えて出てくる答えは一つではありません。経営者やリーダーの言うことが全てではなく、社員の中からもあっと驚く答えが見えてくることがたくさんあるのです。

考えるきっかけをつくると、必ず社員は伸びていきます。その社員の成長と並行して、経営者も成長します。業務のやり方を教えるのではなく、考え方を共有するのです。これが会社の文化につながり、社員一人ひとりが生きる組織にもつながると考えています。

自分の会社のことを考えながら、これまでの自身の経験を振り返りながら、ぜひ本書を読み進めてください。皆さんのご自身の事業を改めて考えるきっかけとなり、今抱えている課題の新たな気付きを発見したり、また解決のきっかけにつながったり、またそれらを通じて事業が大きく前進することを願っています。

考える学びの先に見えてきた商売の本質

売れそうな商品ではなく、悩みを探せばビジネスチャンスがある。

ライフネット生命は、ネットで生命保険を販売、加入の際の見積もりや手続きを簡略化し、「保険はよく分からない」という悩みを解消しました。昔のノートは紙の品質が悪く、字が滲《にじ》んだり、描き心地が悪かったりしたものですが、コクヨはその悩みを解消するノートを作り、ヒット商品になっています。

私はあらゆるセミナーや勉強会に参加し、常に様々な経営者の言葉を自分事で考え、学んできました。考えながら学び続けた先に、悩みや課題のないところに商売は成立しないという商売の本質に気付くことができました。

皆さんのビジネスも、いい商品だから売れているとか、たまたまタイミングが合ったから売れていると、営業担当者が思い込んでいることがあるでしょう。長年売れている商品やサービスも、いい商品だからと片付けるのではなく、買ってくれているお客様になぜ使い続けているのかを改めて聞き、考えることで売れている本質が見えてくるでしょう。きっと感謝の言葉もいただけて、社員の働く喜びにもつながってくると思います。

これらは全て、自分事で聞き、考えて、言語化することから始まると思います。言語化は、ビジネスの成長スピードにも大きく影響を及ぼします。そのビジネスを継続するかどうかの判断基準も全て言語化。安全基準も全て言語化です。お客様への向き合い方、姿勢も全て言語化です。人の中の感覚を言語化することで、それは人に伝わり、新たな言語を生むきっかけとなるでしょう。

さあ、考えながら学び言語化することを、具体的に実践していきましょう。

第3章

「商売の本質」を言語化する

本章では、「商売の本質」について考えてみたいと思います。商売の本質を探ることで、長年経営を続けられている理由、社員がそこで働く意義や意味を見出すこともできるようになります。商売の本質とは、「悩み解消」だと私は考えています。これを掘り下げて考えていくことで、ビジネスの発展、新規事業、新商品開発のヒントを得られます。

ここでは、商売の本質を皆さんと考え、その後でモノが売れる仕組みについて考えてみたいと思います。きっと皆さんも、ご自身の営業や経営を見返した時、これまでうまくいった理由、失敗した理由のほとんどを説明できるはずです。

私自身が演者として登壇するセミナーや、各種研修の中で必ず触れる言語です。皆さんもぜひ、自分の経営を言語化できるまで考えてみてください。

言語化1 「商売」とは○○すること

皆さんは、「商売」とは○○すること、の○○に当てはまる言葉、すなわち「商売とは何か」と問われたとき、一言で答えを表すとしたら何と答えるでしょうか。社員の皆さんには、なんと言語化して伝えるでしょうか。

私は、この答えを「商売＝悩み解消」と言語化できた時、新規事業も新商品も、新サービスの成功の確率が格段に上がりました。一方で、これに反した時には、事業が軌道に乗るまで時間がかかってしまったり、途中で諦めたこともたくさんあったのです。

「商売＝悩み解消」と言語化ができたのは、生命保険業の佐藤智明《さとうともあき》氏によるセミナーで、モノが売れる仕組みについて考えることができたからでした。私にとって佐藤氏は、いつも重要な局面で一緒に考えてくださる経営における師匠のような存在で、感謝しています。

私は、五常で様々な新規事業の立ち上げを行いました。元々ホームセンターの売り場作りの工事から始まった弊社の、1社依存率95％の事業モデルを変えなくてはならないと、新商品開発や、新サービスに着手してきた経緯があります。

そのホームセンターの工事部門の売上が、創業当初の50％にまで落ち込みました。そんな状況が、「今、何かをしなくてはならない」という社員みんなの危機意識を高め、20以上の新商品・新サービスに取り組むきっかけとなりました。

でも簡単にはいきません。取り組みを始めて1～2年は日銭《ひぜに》を稼ぐ程度で、最低の状況からはなんとか脱却できたものの、事業として軌道に乗せるには至りませんでした。

その理由は、「何を」という、いい商品やいいサービスにばかり目が行き、それを「誰が」必要としているのかが見えず、「どのように」提供するか（情報を届ける）かにうまく結びつけられずに、売れない状況が続いたからです。

そんな中、言語化4（63ページ）の「誰に×何を×どのように」という佐藤氏の言語に出合い、限られた取引企業のみにレンタルしている五常のカゴ台車（スーパーの裏に置かれている、鉄の格子状の背の高い台車）を、どうすればより多くの人に利用してもらえるか、考えてみたのです。

カゴ台車のレンタルサービスは、大手レンタル会社にもあります。そこで、五常のレンタルサービスを活用してくれている工事現場の担当者に、その理由を聞いてみることにしました。

担当者へのヒアリングで出てきた話は、次のようなものです。

「大手では、台車の返却が16時前後と決まっているが、工事が16時前に終わることはまずない。工事の途中で現場内の台車を全て回収して、返却に行くのは人手もかかってしまい、本当に不便で困っていた」

なぜ大手のレンタル会社では16時に返却しなければならないのか。それは、委託している倉庫会社の営業時間が17時までだったためです。

一方、当社は24時間いつでも貸し出しも返却もできるため、工事現場にとっては非常にありがたいということでした。台車のレンタルサービスは本社に併設した自社倉庫で運営を行っているので、24時間敷地の開放が可能だったのです。営業時間外は無人のため、お客様はセルフでトラックに台車を積み込んだり、下ろしたりと大変ですが、そこはお客様の不満ではありませんでした。

自社のサービスをご利用いただく方の「悩み・困りごと」に着目して、さらに自社のサービスについて深く考えてみました。

・現場で台車がないと工事が効率良く進まない
・台車を大量に購入しても保管場所に困ってしまう
・そもそも購入するほど資金がない
・大手のサービスでは、借りたり返却したりが時間内にできない
・「今日借りたい」に対応できる会社がない
・どのメーカーの台車をレンタルできるのかが分からない（大手は数万アイテムの中の一つ、五常はカゴ台車専門のサービス）

このように、たくさんの悩みの上に五常のレンタルサービスが成り立っていることが分かったのです。いいサービスだからといっても、悩んでいる人がいなければ誰もレンタルサービスは活用しないのです。

そうです。「商売＝悩み解消」が言語化できたのが、まさにこの時でした。

ここから、新商品や新サービスの成功確率は格段に上がりました。悩んでいる人がはっきり見えた状態で、新商品や新サービスを構築するため、その人たちに直接情報を届けることができたからです。ホームページの集客はもちろん、提携企業と協力関係を組むこともでき、成長スピードが格段に上がったのです。そして「台車レンタル特急便」という、「誰に」を明確にしたサービスが生まれ、五常の様々な事業のベースとなりました。

皆さんの事業は、誰の、どのような悩みを解消しているでしょうか？　きっと、悩み・困りごとの上に成り立っているはずです。品質の良さや信頼関係などは、サービスを利用する上での差別化の一つに過ぎず、そもそも困っていたり課題がなかったりしなければ、絶対に利用されていないはずです。たとえ付き合いでも、不要な物は絶対に買わないはずです。全ての商売に共通することは、悩み解消である。私のこれまでの10年に及ぶ経営で一番大切なことに気付き、商売を言語化できた瞬間でした。

言語化2 「売上＝価格×数量×確率」

さて、ここからはモノが売れる仕組みについて考えてみたいと思います。まずは売上の要素である「売上＝価格×数量×確率」について考えてみましょう。皆さんの会社の現在の売れ筋商品でも、新しい部署の新規事業でも、なんでも結構です。売上を伸ばすために、皆さんは、「価格」「数量」「確率」のうち、どれに注力するでしょうか。

価格：商品の単価、サービスの単価を上げるのか下げるのかは、常に悩みどころだ
数量：数量を圧倒的に増やすためにセット販売しよう。価格を下げて大量販売
確率：広告を出そう。ＳＮＳで発信してもらおう。キャンペーンをやろう

価格、数量、それとも確率、どれに注力するのか。ぜひ社員やメンバーの皆さんとも考えてみてください。

実は、この問に対する答えは一つではありません。どれに注力しても売上を変化させることができます。ただし、経営の状況に応じて、答えは変わります。では、一つずつ考えていきましょう。

「価格」の決定は、経営者の重要な業務の一つです。客単価を上げ、付加価値をつけ、粗利率を上げていくことも大切でしょう。一方で、相見積もりで競合に勝つために、顧客の値下げ要求に応えなければいけないこともあるでしょう。現在は賃金上昇や原材料高騰で、コスト上昇の影響も大きいはずです。

ある製造業の代表は、電気代の高騰で年間3000万円のコストを価格に転嫁しなくてはならなくなった、とニコニコしながら話してくれました。聞いているこちらが、ヒヤヒヤしてしまいました。価格は重要です。

「数量」も、もちろん重要な要素です。大量生産、大量販売を元にやっている事業にとって、数量は命です。当社の場合、年間で5000台売れる台車は、価格は安く粗利率は低いのですが、総粗利額は稼いでいます。台車は一度買うとなかなか壊れたりしないイメージがありますが、私たちの業界では消耗品として捉えられています。日本郵政では年間数万台といった台車をほぼ毎年入札で購入しているほどです。

スーパーでは卵や牛乳などの食料品も数量が大切ですし、100円ショップも数量が売れることでビジネスが成り立っていると、容易に考えられます。

「確率」は、「客数」とも言い換えられますが、皆さんもお客様の来店頻度を上げる方法を、日々考えていると思います。すなわち、広告を用いて顧客獲得の確率を上げる、問い合わせてくださったお客様が購入したくなるような社員の対応を整える、というように様々な方法が考えられます。お客様が、なぜ皆さんの会社にリピートしてくれるのか、という理由を明確にできると、さらに確率も上がると考えられます。

「価格」「数量」「確率」は、どれも重要な要素です。経営には良い時も、悪い時もあるので、環境の変化に合わせてどれに注力するべきか見極めることが重要です。これまでの経営を振り返って、どれに注力して取り組んできたのか、なぜそれに注力したのかを言語化してみるといいでしょう。それを、社員の皆さんと共有することで、会社全体の判断基準になると考えます。

「売上＝価格×数量×確率」について、皆さんはどのようにお考えになるでしょうか。

言語化3 「売上＝誰に×何を×どのように」

先ほどの、「売上＝価格×数量×確率」には、一つの正解はありませんでしたが、「売上＝誰に×何を×どのように」は、いずれかに注力することで、売上を劇的に変化させることができます。皆さんはどれだと思いますか。ヒントは、言語化1で述べた「商売＝悩み解消」です。

まずは、自分なりの答えを出してみましょう。また、なぜそれが大切なのかを、ご自身のこれまでの事業を思い返して言語化してみてください。3～5分でも結構です。考えることは学びにつながります。

誰　に：その商売のお客様は誰か、どんな悩みか

何　を：商品、サービス

どのように：店頭販売、ネット販売、訪問販売、サブスク

このように、少しずつ考えを深めてみます。全ての商売は、この3つの掛け算がベースになっているのです。皆さんの既存事業もこれから始める新規事業も、必ずこの掛け算で言語化できます。新商品開発の担当者が、やるべきことは見えているのにつまずいているのであれば、きっとこの掛け算の言語化ができていないはずです。それが見えるようになるまで、もう少し考える必要があると思います。商売は複雑なことをやっているようで、実は非常に単純な掛け算ということも分かります。

売上を伸ばすために最も重要な要素——それは、「誰に」です。

商売＝悩み解消、すなわち誰かの悩みや、課題のないところに商売は絶対に成立しないからです。

免許のない人に、移動手段が目的の自家用車は絶対に売れません。たとえ、燃費がいいとか、最新機能が搭載されているといった良いモノでも売れないでしょう。だから最低限、免許がある「誰に」でかつ、移動手段に困っていたり検討している、そんな人を見つけることが、商売の第一歩です。ただし、例外もあります。人の欲求です。免許のない人に車は売れませんが、免許がなくてもビンテージカーを手に入れたいという欲求があれば商売は成り立ちます。ですが、あくまでその欲求も人が抱くものです。だからこそ、「誰に」が商売において、最も重要な要素であることは変わりません。

次に、「何を」について考えてみましょう。

セミナーでどれに注力するのが正しいのかを問うと、この「何を」が一番多いように感じます。何を売るかというのは、商売において大変重要なことです。しかし、「これは売れる！」と直感した物が、なかなか売れなかったという経験は誰もが味わったことがあるのではないでしょうか。

ここには売れない要素が２つあります。１つ目はそれを必要としている人がどこにいるのか言語化できていない。2つ目はそれが誰の悩みを解消するか、言語化できていないことです。

例えば、8Kテレビは映像としては本当にきれいでいい物に見えますが、現在主流の4Kテレビの画質に誰も悩んでいないので、あまり普及はしていません。スマホも、毎年新機能を搭載して高額化していますが、その機能を必要としている人に本当に届いているのか疑問が残ります。ブランドで売れていることは考えられます。

「どのように」は、あくまで手段です。現在ではネットで販売し、情報を発信することは大変重要ですが、「誰に」が明確になっていなければ、その情報も必要な人には届かないのです。その「誰に」が抱える悩みに向き合った後、「どのように」の手段を変えて、既存業界に変化を起こしたサービスもあります。

ライフネット生命は、保険は対面で販売するものというこれまでの常識を、ネットで販売を始めたことで新しい常識をつくりました。ただし、ここで間違ってはいけないのは、あくまでも既存の保険の販売方法に悩みがあったというのが前提ということです。単に販売の手段を変えたのではなく、「保険は分かりにくいもの」「もっと手軽に買える価格に」「面倒なく買いたい」といった課題を解決して、かつそれがネット販売と親和性があったから人々に受け入れられたのです。

「誰に」は、物が売れる仕組みの言語化の大切なワードになります。「誰に」が見えるようになると、商売の幅が広がっていくという事例をご紹介します。

最近こんな情報をテレビで見ました。それは、昭和に使われていたような家電がフリマアプリで人気が出ているということです。通常、フリマアプリをはじめ、リサイクルショップを利用する人（「誰に」）は、最新の家電や少し型落ちの家電でも機能に問題がなければ、少しでも安く買いたいという要望があると思います。

一方で、機能的にも劣る、もしくは壊れていてもOKという人が昭和の家電を買っているというのです。それは『誰』なのか。実は、テレビや舞台の関係者が、昭和のイメージを演出する小道具として購入しているそうです。この話を受けて、仮に私がリサイクルショップの経営をしているとしたら、そのような品物を集めて、演出を企画する企業へ営業をかけてみるという発想ができるかもしれません。

私が五常で台車を製造し、販売し始めた頃、一般のメーカーには緑かアイボリーといった色の台車しかありませんでした。そこで、ただ単にかっこいい台車を求めている人（「誰に」）がいるはずだと思い、ブラックの台車を作ってみました。ところがこれは、全く売れませんでした。倉庫や工場の人たちにはあまり色へのこだわりがなかったのです。

私たちと同じ台車メーカーである花岡車輌株式会社では、ブラックの台車を作ってヒットさせています。「ホテルの台車は、ゴージャスな金ピカのものばかりで、もっとシックな落ち着いたデザインのものがほしい」というホテル業界の方からの声を聞き、ブラックを基調にした、スタイリッシュな台車ブランドを立ち上げたのです。それは今、全国のホテルで使われるまでに成長しました。ホテル業界の「誰に」に向き合った台車と、五常で作った売り手のエゴで作った台車とでは、これほどまでに大きな差が出たのです。

五常でも2023年に、ブラックの台車の販売を再開しました。ある業界の方から求められて作ったものです。その「誰に」は、テレビドラマや番組制作の撮影関連の業界です。撮影現場では、持ち込む物や台車などの備品も、基本は全てブラックでなければならないそうです。業界で使われているこれまでの台車は高額で、五常の台車が価格的にもメリットがあるということでした。

「誰に」が、明確になると、売り方も変わってきます。舞台関係者、ホテル業界の関係者、撮影業界の関係者、この人たちに向けて情報を発信するには、「どのように」すればいいのか。そしてその人たちが「何を」必要としているのかもわかるようになり、商品もブラッシュアップできるのです。商品のラインナップも広がります。そうすると、その業界の方からブランドとして認知されるようになり、さらに特徴を出せるようになるのです。

皆さんの事業で、「誰に」が明確になっていない、またその人たちの本当の不満や悩みは理解できていないけれど、なぜか売れているようなことがあれば、そこには大きなビジネスチャンスがあるはずです。

想定とは全く別のところで、自社の製品が活躍するようなこともきっとあるでしょう。いいものだから売れている、営業担当者が有能だから売れているではなく、誰のどんな悩みや課題を解決しているのか。ぜひその思考を、社員の皆さんが持ち合わせられるように、常にみんなで考えてみてください。売上が劇的に変わる「売上＝誰に×何を×どのように」について、皆さんはどのようにお考えになるでしょうか。

言語化4 「誰に」＝「悩み・課題」を深掘りする

言語化3の「誰に」は、悩みや課題がセットになっていることがポイントでした。

「誰に」と言うと、30代の男性ビジネスパーソンとか、○○業界の人といった、表面的な

「誰に」を思い浮かべることが多いと思います。「誰に」＝「悩み・課題」ということが、大変重要なことなので、今一度、皆さんのお客様がどんな悩み・課題を持って、自社の商品・サービスを利用してくれているのかを、言語化してみてください。

まず、一番売れている商品やサービスを思い浮かべてください。

それらはなぜ、お客様に売れているのでしょうか。なぜ長期にわたり、御社のサービスを利用してくれているのでしょうか。社員の皆さんに聞いてみてください。「安いから」「高品質だから」「納期が早いから」「おいしいから」「信頼関係があるから」と、様々な理由が考えられるでしょうが、これは本質ではありません。「それがないと困ってしまう」＝「悩み・困りごと」が根本にあり、その上で他社と比較して、購入に至っているのではないでしょうか。

どんなに品質が良く、あなたとお客様に信頼関係があっても、運転免許がない人には車は売れないのです。免許を持っていて、10㎞の通勤距離を雨の日や猛暑の日に自転車通勤するのがつらいと「悩んでいる人」には、最高級のフェラーリよりも軽自動車のほうに価値があるのです。

少しずつ見えてきたでしょうか。なぜ「何を」売るかに着眼するよりも、「誰に」＝

「悩み・課題」に着眼することが重要なのか、理解が深まると思います。

今すぐに欲しい。そんな人には「最短納期」が売れている本当の理由になります。絶対に製造の流れを止めることができない人には、「高品質」で「壊れない」製造機器が必要でしょう。毎月大量に購入している消耗品のコストを下げることに課題を感じている人には、「安い」が重要なポイントなのです。

満腹の人には、どんなにおいしいラーメンだとしても、食べてもらえないでしょう。では、スイーツはどうだろう？ 甘いものは別腹だというし、満腹でも売れるかもしれない。こういう場合はどう説明できるか？ というように、様々なことを深掘りして考えて、気付きや学びにつなげてみてください。

町の商店街の八百屋さんを例に考えてみたいと思います。

誰　に：近所の人たちに

何　を：家計に優しい野菜や果物を

どのように：店頭で販売する

「誰に」の深掘りを、もう少ししていきましょう。

具体的に、どんな人が、なぜ、うちの八百屋に来てくれるのでしょうか？ 近所だからだけでは、深掘りが足りません。近くに大型のスーパーがあるにもかかわらず、なぜ来てくれるのか。例えば、「単身者やお年寄りが多く来店されるなぁ」と、事実に基づいて深掘りができたとします。次にするのは、どんな物がよく売れているのかの分析です。量が多いカゴ盛りの割安な野菜や果物ではなく、多少割高でも1個だけ買う人が多いのであれば、単身者の購買行動かなと納得できるでしょう。いつも食べきれなくて困ってしまうという、悩みや課題があるのかもしれません。

分析と並行してお客様に直接聞くことも、ぜひ行ってみましょう。なぜスーパーではなく、うちなのか？　少量買うのに、いちいちレジに並ぶのが億劫《おっくう》だったり、広い売り場で目当てのものを探すのが面倒だという人もいるかもしれません。単に、コミュニケーションを楽しんでいるのかもしれません。

さらに深掘りしてみて、今晩の献立の相談に乗ってくれるという、個人商店の強みに価値を感じてくれていることが分かってきたのなら、どんなことができるでしょうか。例えばですが、野菜炒めや一人用鍋野菜のセット売りなんかもよいかもしれません。多少割高でも、それを求めて購入していただける確率は、スーパーに比べて高いかもしれません。

誰に：近所の単身者（若い人から独居老人まで）

何　　を：少量で買える野菜や果物
どのように：3日分の献立セットにして店頭販売

初めよりも、より具体的にお店の特徴が出てきたのではないでしょうか。「誰に」をより具体的に深掘りをしている店舗と、そうでない店舗であれば、売上に大きく差がつくことは容易に理解できると思います。

昨年の冬、凍結により水道管が破裂し、ある水道工事業者に修理を依頼したら法外な金額を請求され、泣く泣くその金額を払ってしまった、というニュースを見ました。そういう、金額が不透明なことで不安を抱えている人には、「トイレのトラブル８０００円♪」という、テレビＣＭが刺さることでしょう。

また、古い家ほど設備故障が多いため、高齢者が修理を依頼するケースも多いようです。高齢者には、インターネットで問い合わせをするよりも電話のほうが便利なのです。そうした人々には、会社名と電話番号が書かれたマグネット広告を冷蔵庫に貼ってもらうほうが、より効果的なのです。大手の企業はお金があるからＣＭを打っているのではなく、ちゃんと「誰に」＝「悩み・課題」を見つけて、「どのように」の売り方を考えています。

「誰に」＝「悩み・困りごと」を追求していくことで、次の一手を見つけることができるのです。なんとなくセンスや感覚で経営するのではなく、社員全員がこの思考で自身の事業の「誰に」を言語化することができれば、売上は劇的に変化すると同時に、企業の成長速度にも大きな差が生じることは間違いないのです。

大企業には勝てないよと、ため息ばかり吐《つ》いていてはいけません。私たち中小企業には、顧客との距離が近いという強みがあります。自社の「誰に」も、「誰にA」「誰にB」といった具合にたくさんの「誰に」を見つけることができれば、より尖った取り組みが行え、大企業との差別化を生むことができるのです。

この言語化4では、八百屋さんや水道トラブルを解決する企業で深掘りをしてきましたが、この答え探しには終わりがありません。同じ商品でも、同じサービスでも、顧客の悩みや課題の本質は異なるのです。だから、一つの答えに固執せず、次の答えを社員の皆さんと一緒に探し続けていきましょう。ある時、売上が大きく変化していることに気付くことができるでしょう。

五常でも常にこの深掘りを行っています。ぜひ見に来てください。「誰に」＝「悩み・課題」について、皆さんはどのようにお考えになるでしょうか。

第4章

「商売の価値」を言語化する

価値とは何でしょうか？　経営者の皆さんはこれまでの経験を振り返り、なんと言語化するでしょうか？　「価値＝○○」と、一言で表してみてください。なぜそのように思ったのか、ぜひ言葉にしてから先に進んでいきましょう。

さて、価値の言語化の前に、私たちの事業についていくつか深掘りをしてみたいと思います。

言語化5　売上が上がるともらえる2つのモノ

この言葉は、昨今のビジネスにおいて我々が忘れてしまった大切なことを思い出させ、働く意味や意義を見出すきっかけにもなります。

売上が上がると2つのモノがもらえます。それは何でしょうか？　1つ目はヒントもいらないかもしれません。お店でそれを渡さないと万引きになってしまいます。そう、商品やサービスの対価である「お金」ですね。ではもう一つは何でしょうか？

そう尋ねて一番多く返ってくる答えは「信頼」です。確かに信頼を得ることはあるでしょうが、もしお客様がそのサービスに満足できなかった場合は、信頼を失うこともあります。一方で、初めてのラーメン屋さんに来たお客様が、「おいしかったな」という感想はあっても「このお店は信頼ができる」といった感想を持つ人はそういないでしょう。

この味なら人に勧めたいという気持ちはあっても、「信頼あるお店だから行ってきなよ」と勧める人はいません。だから間違ってはいませんが、必ずしも〝信頼〟ではないと言えます。

私がこれまでの経営を通して言語化した2つのモノとは、「お金＋感謝」です。必ず、お金と感謝がもらえているのです。

ここで重要なことは、感謝をいただくことに専念していれば、必ずお金は入ってくるということです。言い換えると、売上のノルマがなくとも、これまで以上に社員がお客様から感謝をもらえていると感じられれば、目標は達成できると私は考えています。現に、五常はこれまで、年間の売上予測と部門ごとの売上予測はしても、一人ひとりにノルマを課さずに経営ができてきました。

皆さんのビジネスでも、必ずこの感謝がいただけているはずです。社員や部署メンバーの皆さんに聞いてみてください。「働く中で一番うれしいのはどんな時ですか？」と。大半の人がこう答えます。お客様から感謝された時とか、社員のみんなから〝ありがとう〟

を言われた時だと。

お客様は「営業さんが無理なことにも対応してくれた」とか、「問題点を見つけて改善策を提案してくれた」「こんなに現場が楽になったよ」というように、価値を感じたことに感謝を伝えてくれます。商品はお金をいただくための手段に過ぎないのです。

私は、言語化1で、「商売＝悩み解消」だと言語化しました。悩みや課題のないところに商売は成り立ちません。裏を返すと、商売が成立する時には、誰かの悩みを解消しており、お客様は感謝の気持ちを持っているはずだということです。

でも、最近この「感謝」が、見えなくなってきているのも事実です。商品やサービスを提供する企業側の社員も、プライベートでは何かのサービスを利用する顧客になりますが、その感謝に気が付かないのです。

「ネットで何かを購入する時に、いちいち感謝の気持ちを表すことなんてないよ」

そう思った方もいるのではないでしょうか。Amazonなどのネットショッピングは、欲しい物があればワンクリックで購入できてしまいます。それも、朝に注文すると夜には届いている（当日配送）ことさえあります。置き配を指定すれば、誰にも会わずに物を手に入れることができます。

この仕組みは、様々な人が知恵を出し力を合わせて実現している、という事実に気付いていない人も多いのではないでしょうか。

ネットでジュースをケースで購入する人は、どうしてスーパーではなくネットで購入するのか。その理由の一つに、重いものをわざわざ自分で運びたくないという気持ちもあるでしょう。では、そのジュースを誰が自宅まで運んでくれるのか？　それは、宅配便のドライバーさんです。ドライバーさんが運転する車両は誰かが整備してくれたもの。ではこのジュースは誰が作ってくれたのか？　100％果汁のオレンジジュースなら、オレンジを栽培する農家さん。その農家さんは、誰かが作ってくれた段ボール箱に梱包して、メーカーに原料として納めます。

そのメーカーで働く工場の人たちが、丁寧に搾り出されたジュースをペットボトルに詰めます。このペットボトルは、容器などの製造メーカーが作っていることでしょう。ネット通販の倉庫にこのジュースが保管され、エンジニアが作ってくれた便利なサイトで、ワンクリックで購入しているのです。

我々が手にする商品やサービスは、見えない多くの人が一生懸命働いてくれている上に成り立っているのです。ネットで購入する際に、その背景にいる人たちのことに全く思い至らないことも多いでしょう。朝にお客様から注文を受けて夕方に届けられるというのは、本当にたくさんの人の努力の上に成り立っていることが分かります。

サービスの提供側も、「お金をもらっているのだから、やるのが当たり前」と思っているのかもしれません。誰かのお役に立てているということに気付けずに、働いている人も多いと思います。誰かの悩みを解消していることに、気付ける。実は、ここに仕事としての誇りがあり、その仕事の意義があるのだと考えます。私たち経営者やリーダーが、それを現場の最前線で活躍してくれている方たちに、言語化して伝えてあげなくてはなりません。

では、なぜこのように感謝に気付きにくくなってしまったのか。それは便利すぎるサービスが溢れ返り、お金を出せば大抵のものは手に入るようになったということも理由の一つだと考えます。すなわち、商品、サービスの対価＝お金、としか見えていないのでしょう。

少し別の視点で考えてみましょう。昔は、物々交換という今の商売の原型となるものがありました。山の物をたくさん持っている人は、海の物を持っている人と交換して、必要な物を手に入れていました。その際は、必ず人と人とが向き合うことになり、「ありがとう」が添えられていたのです。今日の海は本当に寒くて、つらくて大変だったことでしょう。そんな中で立派な魚を釣ってきてくれてありがとう。そんな思いを込めて。

社内の全ての仕事も同じです。一人ひとりの仕事は、誰かのために役立っていることでしょう。総務や経理の人たちが、快適に活動できる職場環境を整えてくれたり、経費の精算や煩雑な税金の計算を代わりにしてくれたりするおかげで、現場の人たちが業務に集中できるのも同じです。社員間でお金を払っているわけではありませんが、みんなで稼いだ利益の中から、給与という仕組みで対価が支払われているのです。今よりももっと快適に、社員みんなが働きやすくと、感謝につながることを考え続けてくれているのです。

「売上（仕事）＝お金＋感謝」の図式が成り立つことが分かります。

経営者自身が、まずはこのことを意識し、社内で言語化して全ての社員の仕事が誰かの役に立っていることを伝えて、気付いてもらえるといいと思います。「この仕事は誰のためなのか？」を考える。その先には、〝ありがとう〟が飛び交う素敵な組織があると思います。商売の部分と、組織や仕組みの部分と、少し混在した内容になってしまいました。言い換えると、営業も社内の業務も、本質は全て同じなのです。

商売は誰かの悩みを解消しています。自分たちは誰のお役に立てているのかを考え、言語化することが大切なのです。誰のどんな悩みを解消できているのかが見えると、自身の仕事の意義を見出すことにつながります。そして、働くモチベーションにつながります。「売上＝お金＋感謝」について、皆さんはどうお考えになるでしょうか。

言語化6　自社の価値は誰が決めるのか？

本章の本題に、少し近づいてみましょう。価値とは、与えるものなのか。価値とは、商品やサービスそのものなのか。それとも、その中に内包される見えない何かなのか。『広辞苑』で調べると、「物事の役に立つ性質・程度」と出てきます。その他ネットで調べると、「他のものよりも上位に位置づける理由となる性質」とも出てきます。価値を数値化する計算方法まで出てくるものもあります。これだけ言語化の幅が広いということは、言語化するのは難しいのかもしれません。

価値については、私も五常でたくさん考えました。「価値」は誰が決めるのか、という議論をした時です。どんなに私たちがいい物だ、売れていると言っても、信じてもらえません。でも、この業界のこんな人のお役に立っている、こんな課題を解消するのに喜ばれているという、そんな事実があったのです。すなわち価値とは、私たちが定義するものではないのではと、答えを導きました。

「価値＝顧客が決めるもの」

この言語化ができたことで、憶測や商品をお客様に知ってほしいという期待から生まれる、売り手本位の思い込みがなくなりました。実際、お客様はなぜ買ってくれたのか、使ってどこに価値を感じてくれているのか。それを探すことに注力ができるのです。そこにしか本当の答えはないのです。

実は、この価値探しには大きな意義があります。価値探しをすると、感謝してもらえるポイントに気付くことができます。たとえ直接、感謝の声が聞こえなくとも、働く人たちのモチベーションにつながるポイントになるのです。

お客様にどうして価値を感じていただけるのか。それは、その商品やサービスを使う理由、悩みや課題の解消とセットなのです。自身の悩みを解消できた時、心の底から感謝の気持ちがこみ上げてきます。

長年腰痛に悩まされた人が、ある整骨院の先生との出会いでそれが解消できたとします。その人にとって、その先生の価値は、何ものにも代えがたいことでしょう。一方で、どんなに素晴らしい技術と深い知識を持っている先生に診てもらっても、腰痛が治らないのであれば、その価値はゼロなのです。価値は顧客が決めるのです。誰もがこのような経験をしたことがあるのではないでしょうか？

ぜひ、皆さんの商品やサービスに、どんな価値を感じてもらえているのかを考えてみてください。それは、必ず事業の成長につながることでしょう。

繰り返しになりますが、重要な2つのことをお伝えしておきます。

①自社の価値を理解することは、本当に難しい

先述したとおり、「価値＝顧客が決めること」だからです。時には顧客に直接聞くことも大切でしょう。社員とみんなでその価値に向き合う時間を持つといいでしょう。自社の価値の理解が難しいもう一つの理由は、正解は一つではないということです。正解が一つではないから、今のベストを探し続ける必要があります。

②自社の価値は一つではない

顧客はそれぞれ価値の感じ方が違います。だから、何か一つの価値を決めつけるようなことは避けなければなりません。世の中の流れが変われば、人々の感性も変わり、価値の感じ方も変わるのです。

これらを踏まえ、常に自社の価値を問い続けましょう。本当にこれでいいのか、このままでいいのか。もし、自社の価値に変化がないということであれば、危機感を持つことが必要です。世の中は変わり続けます。自身が変わっていないのは、それは退化と一緒なのです。

あなた自身、価値を自分の言葉で言語化してください。「価値＝顧客が決めるもの」について、皆さんはどうお考えになるでしょうか。

言語化7 本当の価値を探すための問いかけ

私も、五常の価値は何かと常に問い続けています。少し具体的に考えてみたいと思います。五常の台車について、表面的にではなく、本当の価値を探してみます。皆さんはご自身の事業の深掘りのやり方をイメージしながら、読み進めてみてください。経営を言語化するにあたって、この価値探しが非常に重要だと考えます。

大切なのは、現状でのベストの答え（価値）を出すことです。経営の中でベストの答えを見つけると、よし、それをやってみようと、そこに具体的な行動が生まれます。その結果、さらに考えが深まり、さらなるベストの答えが見つかります。このように本当の価値、ベストを探し続けることは、事業の成長スピードに大きく影響するのです。

問題です。台車の価値とはなんでしょうか？　皆さんも一度は使ったことがあると思うので、考えてみてください。

Q．なぜ台車を買おうと思ったのでしょうか？

A－1　一度にたくさんの荷物を運ぶことができる

A－2　荷物を保管できる

A－3　重い荷物も軽い力で運べる

A－4　持ち運べて現場で使える

まず、このような答えは簡単に想像ができると思います。これらに共通して言えることは、台車が持っている機能や効能といったことでしょう。しかし先述した「価値＝顧客が決めるもの」という定義の前では、これらは価値ではないのです。

五常の台車の価値は、離職率を下げることができます。事故が減り、五常の台車を導入した会社の社員からは感謝されるのです。
どうしてそう言えるの？　と思うかもしれませんが、安心してください。さらに深掘りしていけばいいのです。どう深掘りするのか。それは、先の質問の答えが鍵になります。

A－1　一度にたくさんの荷物を運ぶことができる

Q．これまではどうしていたのですか？
A．うちの倉庫は毎日、トラック10台分の商品が納品されます。その商品の片付け作業だけで、半日の時間を要していました。生産性を上げて、社員の残業時間をなくし、人件費を削減したいと思っていたのです。もちろん、社員にも楽に働ける環境をつくりたかったんです。

A－2　荷物を保管できる

Q．これまではどうしていたのですか？
A．うちはホテルで、定期的に修学旅行生を迎え入れています。その時、一時保管するスーツケースが大量にあるのですが、セキュリティーと省スペース化の対策がなくて困っていたんです。

A-3　重い荷物も軽い力で運べる

Q. これまではどうしていたのですか？

A. 女性のスタッフが働いているのですが、大きな台車を使っていました。大きな台車は荷物を山積みにして大量に運ぶことができてよいのですが、女性スタッフには重すぎて、動かすのが大変だったんです。また、女性の目線よりも高く荷物を積むと、前が見えづらく、危険もありました。だから五常の「天使のカゴ台車」[※]は背が低くて、本

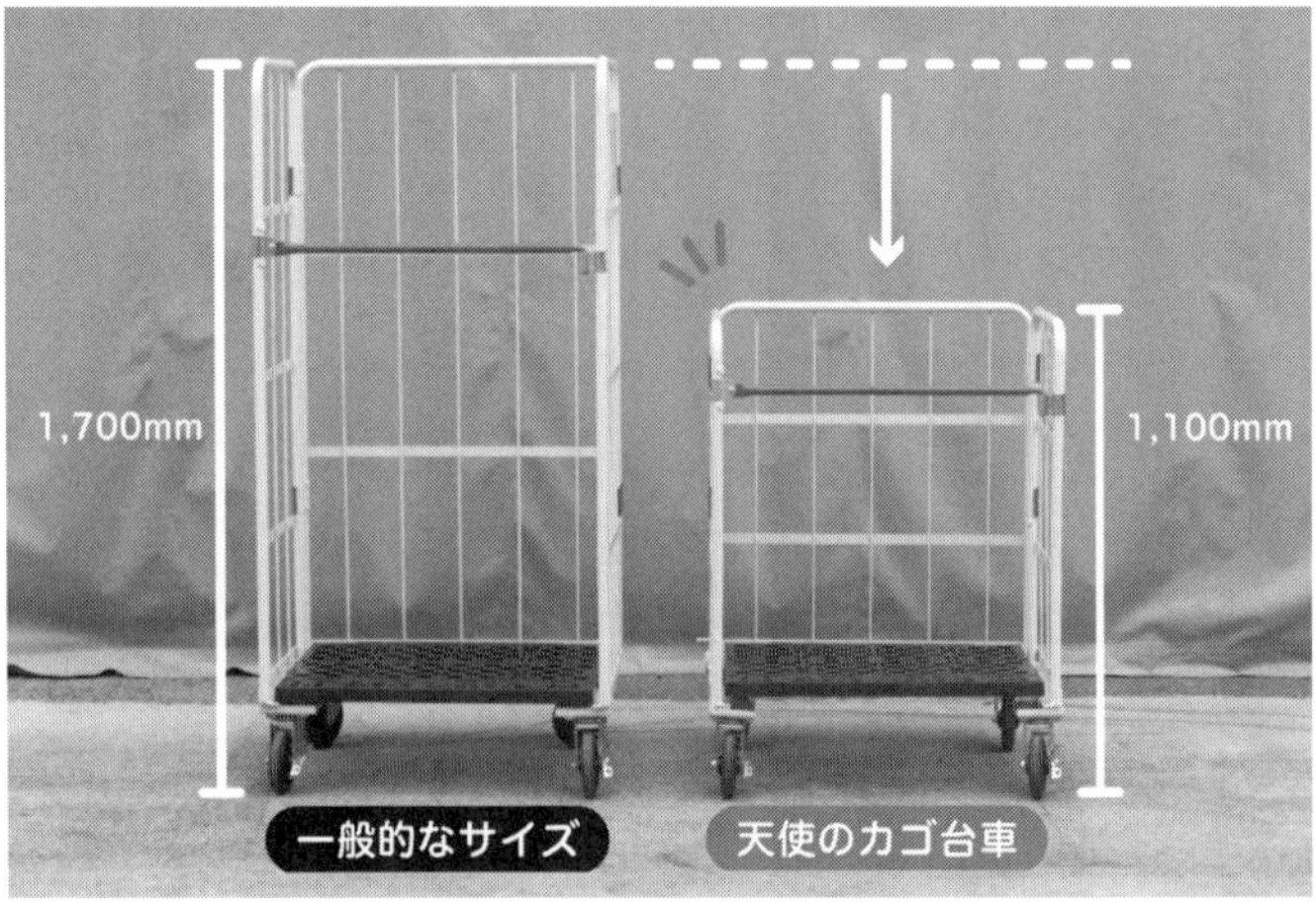

当によかったです。離職率の低下にもつながりました。

※「天使のカゴ台車」とは、五常オリジナル規格の高さ1・1mの台車で、一般のカゴ台車の高さ1・7mより背が低いのが特徴です。Dガールズの石井が開発しました。

A−4 持ち運べて現場で使える

Q. これまではどうしていたのですか？

A. ハイエースで現場に行く時は、カゴ台車は持っていくことができませんでした。「天使のカゴ台車」を見つけ、バンにも簡単に積み込めるということで、即決したんです。現場作業が本当に楽になったと社員にも感謝されました。

価値は、顧客が決める——まさにこれです。台車一つとっても、お客様によって、購入する理由、抱えている悩みは、千差万別。五常の台車は、現場の様々な課題解決に役に立ち、離職率を下げ、喜ばれています。

このように、本当の価値は、少し深いところにあります。お問い合わせいただいた、全てのお客様に電話で、「なぜこの商品を購入しようと思ったのですか?」と、「これまではどうしていたのですか?」を聞くやり取りがされています。

そのため、日々たくさんの「ありがとう」をいただくことができます。売上のためのノルマも不要です。目の前の顧客の課題に一緒に向き合うこと、ただひたすら「誰に」の悩みと向き合い、それを解消することだけに専念しているのです。

商売の中で、感謝があるところには必ずお金をいただくことができ、それが売上(業績)につながっています。そして、お客様の〝ありがとう〟は、社員のモチベーションにも直結し、事業の意義、働きがいにつながるのでしょう。

表面的な価値は、機能面に目が向きがちです。たくさんの量を少ない回数で運びたいというようなお客様の本当の声の中には、価値の本質が隠れています。ぜひ皆さんそれぞれの事業で、お客様が感じている価値を引き出す質問を考えてみてください。皆さんの商品・サービス・事業にも、きっとまだ気がついていない本当の価値があるはずです。

表面的な価値しか理解していないことで売上が思うように上がらなかったり、営業で苦しんでいる企業はたくさんあります。一方で、自社の本当の価値に気付くと、売上が劇的に変化するのです。その事例を見てみましょう。

事例 4-1

餃子メーカーの本当の価値

ある餃子メーカーさんは、町のラーメン屋さん・中華料理屋さんに餃子を作って卸すというビジネスをしてきました。メーカーとしての基本の餃子もあるのですが、特筆すべきは、それぞれのお店で元々手作りしていた餃子の味を再現して、小ロットの冷凍で届けるというサービスです。整理すると、次のようになります。

誰　　に：町のラーメン屋さん・中華屋さん

何　　を：それぞれのお店のこだわりの味を再現した餃子

どのように：工場で小ロットで製造し、冷凍して届ける

この餃子メーカーさんから、売上拡大と新規事業のために、工場直売店を作りたいという相談を受けました。必要な看板や簡易的なプレハブ店舗の建築は、スムーズに進んでいました。営業担当の部長さんと食事をしながら、工事の打ち合わせをしていた際に、営業の課題について話題になりました。

その課題とは、顧客開拓のために町のラーメン屋さん・中華屋さんに営業担当者が訪問しているがなかなか話を聞いてもらえず、試食もしてもらえず、苦戦しているということでした。手作り餃子にこだわるお店にとっては、工場に餃子を依頼するなんてとんでもない、という固定観念があったのだと思います。

営業のスタイルについて質問したところ、店舗のオフピークを狙って訪問し、自社の餃子の特徴（お店の味を再現、小ロット）を伝えているとのことでした。工場の餃子に対し、味や食感に不安を持つ方は多いので、とにかく試食を勧める。そんなやり方だそうです。

営業担当：私たちはお店の味を再現した餃子を作っているのですが、一度試食をしてもらえないでしょうか？

オーナー：忙しいからいいよ！　工場の餃子なんて要らないよ。うちは手作りでこだわってやっているんだから！

門前払いにされることも多く、営業担当者もその時に受けるダメージが大きいようです。私は、この話を聞き、疑問がいくつか出てきたのです。皆さんはいかがでしょうか？

そこでまずは、自分たちの商品の特徴とか、セールスポイントを考えてお客様に伝えてみることにしました。以下の2つの切り口で整理してみます。

①この餃子メーカーの価値は何か?

当初、餃子メーカーさんは、お店の味を再現できるとか、小ロットで廃棄ロスが少ないといったようなことを価値として挙げていました。「価値=顧客が決めるもの」ではなく、企業の視点で語られていたのです。部長さんと話している時、私にはなんとなくしっくりこなかったのです。本当の価値はそこではなさそうな気がしていたのです。まだまだ価値探しが深掘りできておらず、餃子メーカーとしての本当の価値を言語化できていなかったからです。そこで次のポイントです。

②誰(町のラーメン屋さん・中華屋さん)の、どんな悩みを解消しているのか?

自店の味を欠品することなく提供したい、廃棄ロスをなくしたい、味を一定に保ちたい、時間を節約したい、といった悩みを解消できると考えていました。営業担当者の主観的な内容もありましたが、一つ気になった答えがありました。時間を節約したいという悩みです。

これらを基に、さらに深掘りしてみます。以下のようなやり取りです。

私　：オーナーや店長さんは、どうして時間を節約、すなわち時短をしたいと思っているのでしょう？

部長：手作り餃子の仕込みは大変で、開店前に1時間以上もかけたり、時にはパートさんの力を借りたりする必要があります。それでも売り切れると、営業中にも作っているのです。また、生餃子は保管するにもバットというアルミの箱に入れて形を維持する必要があるんです。

私　：お店の味をこだわるのなら、多少の犠牲は仕方ないのでは？

部長：確かにそうなんですが、そう簡単な話ではないんです。作ること自体ができないこともあります。作れる人が急に休んだり、退職することもあります。新しい人が来たとしても、餃子を作れるようになるまでには非常に時間がかかるんです。

私　：そういうことなんですね！　作り手の人手不足の解消、仕込みの時短、また保管スペースの削減も。冷凍餃子は大袋にゴロゴロ餃子を入れて、形を気にせず保管できますしね。こんな悩みの解消にもつながっている。素晴らしいです。

部長：いや、でもおいしいとか小ロットも大切なんですよ。

私：確かに。でも店の手作り餃子がまずくて困っているなら、「おいしい」が大切ですが、本当の悩みは作り手不足にあると言えるのではないでしょうか。一方で、その店の味を再現するという点は、導入の決断をするにあたってなくてはならない必要な要素の一つなんですよ。作り手不足に困っていなければ、話を聞くこともないのですから。

部長：確かにそうですね！　あと、導入していただくお店には、新商品の提案をしたり、他のお店でこういうのが売れているという情報をお伝えすると、大変喜ばれるんです。

私：それはすごいですよ。餃子を売ることが仕事ではなく、まさに中華屋さんのマーケティングやコンサル的な立ち位置としても、社員の皆さんは活躍されているんですよ。

このようなやり取りが何度も行われて、ようやく本当の価値が見えたのです。価値は、顧客が決めることです。まとめると、このようになります。

①この餃子メーカーの本当の価値は？

餃子作りに関する人手不足や各種相談、その他お店の困り事を相談できる。当初の表面的・機能的な価値とは大きく変化しました。

②誰（町のラーメン屋さん・中華屋さん）の、どんな悩みを解消しているのか？

餃子作りの人手不足。仕込み時間の時短。新商品開発や次の戦略を考える時間が確保できない。

このようなことが見えるようになってきてから、担当の方の営業方法にも変化が出てきました。営業の方と店舗のオーナーさんとのやり取りをみてみましょう。

営業担当：オーナーすみません、私、餃子のメーカーで営業をやっておりまして、先日こっそりお店の餃子を食べにうかがいました。大変おいしくいただきました。

オーナー：ありがとう。それで要件は？

営業担当：お店も忙しそうで、その餃子作りって大変ではないかなと思いまして……。

オーナー：そうなんだよ、仕込みの時間も人も取られて大変なんだよ。

営業担当：うちのお客様も、皆さん同じことで悩まれているんですが、私どもではその人手不足とか仕込みの時間を削減するサービスを提供しております。そのような話にご興味はございませんか？

ここまで来ると、答えは２つに分かれます。興味のある方【ＹＥＳ】と、興味がない方【ＮＯ】です。

【ＹＥＳ】の場合

オーナー：どうやるの？

営業担当：私たちは工場で餃子を製造して、お店に冷凍でお届けしております。皆さんの毎日の仕込み時間を削減し、作り手の育成の手間も省くことができます。

オーナー：工場で作った味ではうちのお客様は満足しないし、そんなに在庫を置くところもないよ。

営業担当：おっしゃるとおりです。皆さんからそのようなご意見を多くいただきます。私たちの強みは、お客様のお店のレシピを基に味を再現できるというところです。また、在庫保管のことも考慮し、小ロットで納品することもできます。冷凍のためバットで保管する必要もありません。あとは、蛇足になりますが、お店の餃子をお客様に冷凍で販売できるような、新規の取り組みもサポートしております。

オーナー：そうなんだね。そこまで考えているなら、少し検討してみようかな。

営業担当：ありがとうございます。まずは、私どものベースの味ですがお持ちしておりますので、ご試食をいかがですか？

オーナー：そうなんだね、では試食をお願いします。

【NO】の場合

オーナー：そんなに困ってはいないし、興味ないかな。
営業担当：そうなんですね。では何かお困りのときはぜひご相談くださいませ。また、オーナーに何かお役に立ちそうな情報がありましたらお持ちしてもいいですか？
オーナー：そうだね。ラーメン食べがてら来てくださいよ。

このように、誰も嫌な思いをせずコミュニケーションがとれるようになったのです。

悩みがあるところにしか商売は成り立たないので、興味関心がない人にそれ以上のアプローチは不要です。ノルマのために、なんとか食い下がろうと一生懸命にプレゼンしてしまうことで、相手との溝ができてしまうことも、昔は多かったのです。一度は断られたお店とも、後日また飲食業界の情報などをお持ちすることで関係を維持できます。そうやって、何か困り事ができたときに相談に乗って、餃子以外のことでもお役に立てる機会が出てきたのも事実です。

「何を（売るもの）」も、「どのように（訪問する営業方法）」も変えていませんが、「誰に」餃子を売るのではなく、その人の困り事に向き合うということだけは変化させたのです。これが、言語化1の「商売＝悩み解消」の実践です。

ここまでの、一連の流れはいかがでしたか？「誰に」の悩みを深掘りし、自社の本当の価値に気が付くと、餃子はその問題の解決手段に過ぎないのだということに気付くことができます。餃子を売らずして、餃子で儲けるということです。

誰　　に：「人材不足や仕込みで悩みのある」町のラーメン屋さん・中華屋さん

何　　を：それぞれのお店のこだわりの味を再現した餃子

どのように：工場で小ロットで製造し、冷凍して届ける

「誰に」が、より鮮明になったことで、「何を」や、「どのように」を変えることなく、売上を劇的に変化させることにもつながったのです。

当時は価値や商売の言語化ができていなかったので、答えに辿り着くまでに、紆余曲折があったことを覚えています。会社の強みや弱みといった分析を行ったり、営業で何を伝えるのかを考え、それを試しての繰り返しでした。

皆さんはこの事例を、自分事に置き換えてみて、どうお考えになるでしょうか。

事例
4-2

出張デパートの価値

私自身、五常に来てから様々なセミナーに参加してきました。銀行が主催するもの、大手研修会社の経営者研修、中小企業家同友会など、そこでたくさんの経営者に出会い、刺激をもらい、考える時間をいただき、日々実践を行ってきました。

そんな中でも、現在も毎月１回定期で勉強している、「スモールサン」（中小企業サポートネットワーク）では、たくさんの経営に関する言葉をいただき、日々考えるきっかけになっています。経営に関する本質の見つけ方を身につけられたのも、この会のおかげだと思っています。

本事例は、そのスモールサンで出合ったものです。大阪の株式会社フルカウント（代表取締役 池上恭介《いけがみきょうすけ》氏）が運営する、高齢者施設への「出張デパート」というサービスです。

このサービスは、高齢者施設内にミニデパートとして４００点以上の衣類、雑貨、日用品などを販売するイベントスペースを展開し、外出が困難な入居者に買い物の楽しみを提供しています。通常のデパートと同様に試着もできるため、自分の服を選んだり、面会にやってくる孫のためにお菓子を買ったりと、入居者が普段よりも一層生き生きと、満面の笑顔で楽しい時間を過ごされるそうです。素敵なお仕事ですよね。

こんな素敵な事業でも、創業当初の営業では大変苦戦されたそうです。「出張デパートを出店させてもらえませんか？　高齢者の方に喜んでいただけることをお約束します」というように、1件1件施設に営業をかけていたそうです。

しかしながら、施設の担当者にはなかなか話を聞いてもらえませんでした。

その理由の一つが、高齢者へ商品を売りつける金儲けを目的とした怪しい会社だと決めつけられた、ということです。また、施設の方にとっては、スペースを用意したり、普段の業務以外に大掛かりなイベントの準備をすることに負担を感じたりと、簡単には受け入れられないという事情も容易に想像できます。

彼らは悩みました。どうしたらこの素敵な体験を受け入れていただけるのだろうかと。そこで社員みんなで、出張デパートの本当の価値について考えたのです。

なぜ、入居者がこの出張デパートで生き生きとされるのか。商品が良いからなのか、それとも誰もが買い物が好きだからなのか……。普段から、自分で買い物する機会が少ないこともあり、出張デパートの日にはレジカゴいっぱいに商品を買われる方も少なくないそうです。

自分たちの本当の価値は何か？　良い商品をたくさん取り扱っていることか、買い物の機会を提供することなのか、外に出られない、お店に行かれない人のサポートなのか……。何度も自問自答しながら営業を重ねていかれたのだと思います。

そしてある時、施設の担当者から、施設の一日のスケジュールについて聞いた時に、その答えが見えたそうです。それから営業の提案内容をたった一言変えただけで、受け入れていただける機会が劇的に変わったのです。

「私たちは、『選ぶ喜び。悩む幸せ。』を提供し、入居者様に『決断（自分で決めることができる）』の機会を提供しています。人が生きている証《あかし》――それを〝決断〟と定義しています。入居者様の喜ぶ姿を、施設の皆さんと一緒に共有したいのです。一度、お話を聞いてもらえませんか？」

こんなふうに営業トークを変更し、出張デパートについて紹介することで成約率は劇的に上がったそうです。

ここで大切なのは、売る物とやることは何も変えず、このサービスの本当の価値

（意義）を見出し、それを伝えたことなのです。

入居者の一日のスケジュールは、おおむね次のようなものです。

7時：起床

8時：朝食（ご飯・納豆・味噌汁・鮭の切り身）

10時：午前のレクリエーションを楽しむ

12時：昼食（パスタ・スープ）

13時：テレビを見たり、運動をしたりする

15時：ティータイム

17時：入浴

18時：夕食（ご飯・味噌汁・生姜焼き・サラダ）

その後、就寝までテレビ鑑賞

このように、おいしく、楽しく、時は過ぎていきます。しかし、出張デパートの社員たちはここに何かが足りないと気付いたそうです。そこで、この出張デパートの本当の価値に気付きます。皆さんは、先ほど述べた決断の機会の意味が見出せますか？

一見、何不自由なく過ごせるのですが、実は、全てが決められているのです。起床

する時間、就寝時間、食事時間に食べるもの、入浴時間から就寝までの過ごし方――そう、「決断をすること」、これが圧倒的に少ないのです。

普段、私たちは起きたい時間に目覚ましをセットし、シャワーを浴び、朝ご飯は何にするか悩み、コーヒーとパンで簡単に済ませようなどと決断します。午前は営業で外出することを決断し、お昼には定食屋さんで焼き肉定食、それも大盛りにすることもあるでしょう。午後はちょっとサボって昼寝して、慌てて期限の見積もりを作り、早めに仕事を終わらせて、カフェに行ってこの本を開いているかもしれません。一日の私たちの行動は、全て選択と決断の連続なんです。その連続が人生です。だから「価値＝決断する機会＝生きる本質」につながるのです。

なぜこのような本質に気付くまでに、時間を要するのでしょうか？ それは、私たち人間が無意識のうちにそれをこなしているからでしょう。赤ちゃんも、立とうと思って、つかまり立ちができるようになるのではありません。でも、脳の中で立とうとする決断はしているのです。

このような本質的な価値は、いろいろな考えに触れ、いろいろな考えを自分なりに言語化し、考えて、考えて、考えた、その先に見えるものだと思っています。

企業の価値の言語化から、その本質が生きることにつながる。私自身の経営にも大きな気付きをいただいた事例です。会社の中で、時には経営者によるトップダウンも必要かと思います。でもそんな時、一方的に命令して強制するのではなく、「あなたはどうしたい？」と、決断の機会をきちんと設けて考えてもらう。よしやってやるぞ！　と自らその気にさせる。

最初からやることは決まっていたとしても、決断の機会があることでその結果への向き合う姿勢は全く異なるのです。言われたとおりにやったんだから失敗は仕方ない。やるぞと自分で決めた手前、なんとかやりきろうと責任を感じる。これは経営においてとても大切なことだと、そんな気付きもいただけます。皆さんはどうお考えになるでしょうか？

「価値＝顧客が決めるもの」と、私は言語化しているのですが、この事例は、顧客もその周りの人すら気付いていない、潜在価値に気付かれた事例として、何度も振り返り、気付きをいただいています。また、経営が人の生きる本質につながり、尊く感じた初めての事例でした。

事例 4-3

「誰に」を変えて価値を見出す

「誰に」の悩みを見出した、事例４−１。「誰に」の課題に向き合って自社の価値を見出した、事例４−２。そして事例４−３では、売るものは変えずに、全く異なる「誰に」を見つけた事例をご紹介したいと思います。五常が販売する商品で、大型シーリングファンの「スマイルファン」です。ぜひ検索してみてください。

誰　　に：倉庫・工場で働く人の熱中症対策、管理者の人材流出に関する悩み

何　　を：直径７・３ｍの大型シーリングファン

どのように：ホームページで集客

大型シーリングファンと言っても、あまりピンとこないかもしれません。よくおしゃれなカフェなどの天井で回っているアレですね。自宅にある方もいるかもしれません。エアコンをつけるほどでもないような時に、羽根を回すことでそよ風を感じて快適に過ごせたり、エアコンと併用することで夏はさらに涼しく感じたり、冬も暖房の暖気を床に下ろすことで効率アップできます。

スマイルファンは、その家庭用のシーリングファンの業務用版で、直径7・3mもあるヘリコプターの羽根のような巨大なファンを回転させることで、天井の高い倉庫や工場といった大空間に大きな気流を起こし、どこで作業をしていてもそよ風を感じることができる優れものです。縦50m、横50m、高さ15mの大空間でも気流をつくることができます。

実は昨今の温暖化の影響もあり、倉庫・工場では働く環境が悪化しています。一方で働き方改革といった、従業員のための働く環境の整備に力を入れる企業が増えてきました。働く環境がいいと人材の定着にもつながります。

扇風機やエアコンでもいいじゃないかと思うかもしれませんが、扇風機の風が届くのは数メートルが限界で、エアコンも導入コストやランニングコストがバカになりません。倉庫・工場は断熱されていない建物が多いため、エアコンだけでは思ったほどの効果が得られないのが実情です。

五常で2018年から新サービスとして販売を始めたスマイルファンは、今や事業の柱となるほど好評な商品の一つです。当初は倉庫・工場の管理者の方から、熱中症対策やエアコンの効率化で問い合わせを受けることから始まりましたが、社会環境の変化や商売環境の変化に合わせ、発信する情報を変化させたことで、新たな「誰に」を獲得できたのです。

1 コロナという環境の変化に対応

新型コロナウイルス感染症の影響で五常の商売も大きく変化しました。まず、ネット通販の利用が激増して台車の販売数が想定を大きく上回りました。また、コロナ禍で人が集まることができなくなったり、換気に対する悩みが社会問題にもなりました。

そこで、大型シーリングファンの特徴である、大空間の空気の入れ替えが短時間で済むことを実験した動画を作成し、YouTubeやホームページで前面に打ち出したのです。

すると、新型コロナウイルスのワクチン接種会場や、災害時の避難所の管理を担当している行政の方からの相談が激増しました。

そのうちの大きな事例が、千葉県勝浦市の教育委員会の方からの問い合わせです。子どもたちが普段利用している体育館の感染症対策・熱中症対策・換気対策、そして災害時に避難所になった際の空調対策として、スマイルファンが利用できないかというのです。

初めはエアコンの設置を検討していたそうですが、導入費用と日々のランニングコストがネックとなり、決断を先送りしていたそうです。そんな矢先に、当社のホームページを見て、エアコンよりも低コストで、快適性と換気対策という機能も十分満たせるということで、興味を持ってくださいました。そして最終的に、市内の小中学校全6校への導入につながったのです。

このような新しい取り組みは、1件目の実績をつくることが大変重要なのです。その1件目の「誰に」に本当の悩みを聞き出し、それを新たな情報として発信することが大切でしょう。

体育館の環境対策に関する悩みに向き合い、「体育ファン」という新しいネーミングでホームページを作成し、サービス提供を始めるきっかけとなりました。

商品を軸に「誰に」の悩みを変化させるこのような取り組みは、皆さんにも経験があるかと思います。大切なのは、このような取り組みを言語化して、社内で同様の取り組みを広げていくことです。本質を理解して、事業の拡大に努めましょう。

2 競合メーカーを「誰に」にする

大型シーリングファンの販売を始めた2018年は、まだ主要メーカーが5社くらいしかありませんでした。ところが2023年現在、20社を超えるメーカーが進出し、販売を始めています。すると、競合との相見積もりで負けてしまうことも増えてきました。こうしたことを踏まえれば、一般的には、競合企業にどう勝つのかを考えると思います。

競合に対抗するために、何かできることがないかを考えました。当社は工事部で建築工事を行ってきた実績があることから、大型シーリングファンの設置工事も自社で実施していました。そこで、競合するメーカーさんとも良い連携ができないかと考え、他メーカーの設置工事をお手伝いすることも受けていたのです。そして、設置工事では各社悩みがあるという事実が浮かび上がってきたのです。

その経験から、これだけ新規参入する競合メーカーが増えてきたのであれば、きっとみんな工事に関する悩みが出てくるだろうと考えました。また、シーリングファン本体だけを購入して工事ができないお客様が出てくることを見越して、「大型シーリングファン設置工事.com」という、工事サービスを始めてみたのです。展開直後から、さらに数社の競合メーカーさんから相談をいただき、現在も良い関係を構築できています。

参入メーカーさんの商品の管理方法や、実際に取り付け方法の相談なども受け、彼らの販売のサポートもできるようになったのです。五常が提供しているのはシーリングファンの工事で、何も新しいことではなく、「誰に」を変えることで、工事の売上も安定的に増やすきっかけとなりました。

皆さんの事業でも同様に、競合会社が抱える課題を理解することは容易だと思います。競合企業に勝つことだけを考えるのではなく、一緒に何かできないか、自分たちがその課題解決のお役に立てないかを考えてみてはいかがでしょうか。

3 空調メーカーの悩みを解消

皆さんはエアコンを買おうと思って家電量販店に行った時、どのような判断でメーカーを決めて、購入しているでしょうか？

量販店に行くと似たような形のエアコンが広さ別に分けられ、それぞれ似たような機能と電気代なので、結局価格で決めている――そんなこともあるのではないでしょうか。

大型シーリングファンも同様で、メーカーよりも価格により最終決定されることが多くなっています。倉庫・工場に出入りする空調メーカーさんや、販売店・施工店も同じように、各社同様の能力のエアコンで見積もりを出し、基本価格で決定されるということが多いのです。

ある時、エアコンを導入している倉庫の方から、より快適性を得るためにとスマイルファンの設置依頼が来ました。設置が完了すると驚くほどの快適性を得ることができました。エアコンだけでは冷やしきれなかった空間に風が吹くことで、体感温度が大きく下がったのです。一般家庭でも夏場に、エアコンと風を起こす扇風機を併用することがあると思います。それと同じ原理です。実は効果はそれだけにとどまらず、これまで使っていたエアコンの設定温度を18℃から24℃に上げ、その上、エアコンの稼働台数も減らすことができ、節電にも大きく貢献できたのです。これには驚きました。

そこで考えました。スマイルファンが、空調設備に関わる事業者の方々の売上を上げるお手伝いができるのではないだろうかと。そこでファンを取り付けたお客様にエアコンメーカーさんを呼んでいただき、実際の風を体感いただいたのです。その快適性を体感した、誰もが知る大手メーカーさんとすぐに提携を組むことが決まりました。

お客様から空調の相談を受け、エアコンとファンを組み合わせることで、エアコンのみを提案する競合企業よりも圧倒的なコストダウンを実現し、さらに快適性を提供することができるようになったのです。確かに一度に売れるエアコンの販売台数は減ったのかもしれませんが、客数や成約する確率が大幅に増えることで、業績も上がっています。

以上、シーリングファンについての3つの取り組みを紹介しました。「誰に」に本気で向き合い、「誰に」を本気で探し、「誰に」を考え続けると、ビジネスモデルにも影響を与えることができます。「何を」は決してその商品が持つ機能だけが価値ではないのです。買ってくださるお客様は、みんなそれぞれ異なった価値を感じているのです。皆さんも今提供しているサービスを軸に、誰が、どんな価値を感じているのか、また環境の変化をチャンスと捉え、視点を変え、新たな価値を探してみましょう。これらの事例について、皆さんはどうお考えになるでしょうか。

第5章

「新規事業」を言語化する

本章では、中小企業の新規事業について言語化していきます。皆さんが、自社の新規事業を言語化すると、どんな成功のポイントが見えてくるでしょうか？

失敗した過去から学べることは成功する理由ではなく、失敗を繰り返さないポイントです。その一方で、過去の成功の中には必ず成功する理由があります。皆さんそれぞれの成功のポイントを明確にするのが本章の狙いです。ぜひ、社員や、メンバーの皆さんと一緒に考えていきましょう。

中小企業が新規事業に着手する際、何から始めるのがよいのでしょうか。限られたリソースを効率良く活用する必要があります。

五常では、一人当たりの業務量が80％になることを理想として、採用を行っていました。しかし、実際には社員一人当たりの業務量は１２０％を超えるような状況が続いており、経営者として課題を感じていました。

業務過多の状態のままでは、新規事業に取り組むための前向きな気持ちは生まれにくく、さらなる負担を社員に強いることになりかねません。

だからこそ、新しいことを始めるにあたっては、既存事業との親和性やこれまでの業務の延長になるよう、人材リソースを効率的に活用することを考えていくことが大切なのです。

言語化8 いいモノより、求められるコトを探す

皆さんの会社で、新規事業や新商品の販売を検討するとしたら、まず何を思い浮かべるでしょうか。「売れそうなモノ、何かいいモノはないか」、または「この商品をどうやって売ろうか」と考えたりした方は、言語化3を読み返してください。正解は「誰に（誰かの悩み）」を探す、です。

私も、「これいいな！」といいモノに飛びつきがちです。皆さんも、「これいいな」と思った時には、その感性を大切にして、どうしてこれがいい商品だと感じるのか、どんな不満や悩み、誰のどんな「困った」を解消するものか、そのような視点で考えてみるといいでしょう。ただなんとなくいいなぁと思うだけで、理由をうまく説明できないような時は、お金の無駄使いにつながるような衝動買いになる可能性が高いでしょう。

私が仕事でベトナムに行った時のことです。午前の打ち合わせが終わり、ランチにでも

行こうかと建物を出たところ、黒い雲が空を覆い、今にも雨が降り出しそうだなと直感で分かりました。そして、雨粒がポツポツと落ちてきた、まさにその時でした。

10代前半の男の子が、バイクで私の前に現れたのです。その荷台にはたくさんのビニール傘が載せてあり、ハンドルにはビニールポンチョと折りたたみ傘が、たくさんぶら下げられていました。言葉は分かりませんでしたが、その様子から私に傘を売りにきたことはすぐに見て取れ、大雨になるのはもう分かっていたので、一番安いビニール傘を1本購入することにしました。言われたとおりの金額を渡し、ニコッと笑顔をいただきました。1000円ショップで買えるようなビニール傘でしたが、2000円くらい支払いました。

ベトナムのお札はゼロが多いので、高いのか・安いのかも考えず、つい衝動買いしていました。

傘をさして移動して、1時間ほどのランチを終えて外に出ると、さっきまでの黒い雲はすっかりなくなり、太陽がジリジリと照らしているのです。日本人でしょうか、傘をぶら下げている観光客の姿がチラホラ。私と同じように購入した人も少なくなかったのかもしれません。私は東南アジアのスコールのような、短時間に降る雨に慣れておらず、結果的には傘を買わずにランチで時間を潰せればよかったのかもしれません。

ここの事例でお伝えしたいことは、別に損した・得したということではありません。ベトナムの子どもたちは、稼ぐために傘を用意しているのです。旅行者向けだから「高くて、いいモノ」を用意したのではないのです。突然の雨で困っている人が「求めるコト」＝「濡れたくない」を理解して、商売を行っているのです。もちろん私の場合も、いい傘が欲しかったのではなく、いつまで降り続けるのか分からない雨に対する悩み（＝不安）を解消するための買い物でした。

彼らの商売のチャンスの時間は、一日のうちわずか1時間程度かもしれません。限られた時間と、限られた資金で効率良く稼ぐ必要があります。中小企業の新規事業も同じで、限られたリソースでは、「求められるコト」をきちんと理解することが、本当に重要なのです。

この、「誰に」が求めるコトを、感覚的に理解しているベトナムの少年の笑顔を思い出し、「やるな！」と感心しました。緊急性の高い求められるコトは、衝動買いを誘うこともできそうですよね。

欧米の旅行者もそうでしたが、傘をさす文化がベトナムにはあまりないように思えます。彼らはバイクではビニールポンチョにすっぽり体を入れ、多少の雨で濡れても気にしていないようです。晴れればすぐに乾くし、基本的に温暖な気候なので気にならないのです。そんな彼らが、普段、自分たちは使わない傘を選択して商売をするということにも感心します。モノ（何を）を見ず、人（誰に）を見ているのでしょう。スコールに慣れた私は、それ以降傘を使うことはなかったのですが、いい経験になりました。

いいモノ（売りたいモノ）を探さず、求められるコトをまず探す。皆さんはどうお考えになるでしょうか。

言語化9
「何を→誰に」と「誰に→何を」の違い

新規事業においては、「何を→誰に」と「誰に→何を」の違いが、事業の成長速度に大きな差を生みます。どちらの成長速度が速いでしょうか。そして皆さんはその理由を、言語化できるでしょうか。ぜひ、考えてみてください。ここまで本書を読まれた方は、すぐにピンとくると思いますが、具体例を交えて説明する——すなわち言語化するのは難しいことが分かります。

正解はもちろん「誰に→何を」です。誰が何に困っているのかが見えており、それを必要としている人が明確なので、その人に対して商品やサービスを届けることに全力を注ぐだけで、最短で売上が上がるのです。言うのは簡単ですが、実際に行うのは本当に難しいです。

一方で、新商品の販売を始めたけれど、なかなか売上が上がらなかったり、どこにその情報を出せば反響があるのかが分からなくて悩んでいる方、そういう経験をしたことのある方のほとんどは、「何を→誰に」で悩まれていたのだと思います。売るものは決まっていても、誰がそれを必要としているかが見えていない状態だったのです。

例えば、電動アシスト自転車を例に考えてみましょう。子どもを前後に一人ずつ乗せたり、買い物の荷物を楽に運べたりすることから、今では子育て世代にとってはなくてはならない乗り物になりました。

「誰に→何を」の部分は、「子育て中のママさんに→電動アシスト自転車」であることが分かっているので、より乗りやすく、より快適に利用できるように、タイヤを小さくすることで小柄な女性でも乗り降りしやすくしたり、スタンドを大きくすることで子どもを乗せたり降ろしたりする際も倒れないように、日々改良が繰り返されてきました。

販売時も、チャイルドシートを標準装備にして、ママさんたちが利用する媒体に広告を出したり、ショッピングセンターで試乗会を行ったりすることも非常に効率的だったと聞きます。「誰に」が明確になっていることで、市場は一気に拡大しました。

しかし、この電動アシスト自転車を開発した当時のメーカーは、最初は「何を→誰に」の状態だったそうです。そして「電動自転車を→シニアに」と、「誰に」もシニアと仮定していたようです。ところが、シニア専用と言われると毛嫌いされることも多く、販売当初はなかなか売れずに悩んでいたと言います。開発担当者は、坂道も楽に上れて疲れにくい、多くの人に喜んでもらえるとてもいい商品ができたと思っていたことでしょう。私たち中小企業がいいものを見つけて、自社で販売しようと決断するも、なかなか売れずに悩んでいる状況とまさに同じなのです。「何を」が先に来て、「誰に」が明確になっていないことは、本当に問題なのです。

「何を→誰に」という、「誰に」が明確になっていない難しい状況を打破する方法が、一つだけあります。それは、とにかく売れるまで頑張るのです。それと同時に、ターゲットと仮定した人たちや、ビジネスパートナーなどに、その商品のセールスポイントを話して、新たな「誰を」を探すヒントを収集するのです。そして売れた実績を大切にして、買ってくださったお客様に、購入の理由やこれまで困っていたこと、それを利用してどう変わったのか、現状の改善点を聞くのです。

　販売開始から数年経過して、自転車販売店から、もっとパワーを上げられないかという相談を受けることが多くなった電動アシスト自転車ですが、それはシニアからの要望ではなく、チャイルドシートを取りつけたママさんたちからのものでした。そこで初めて、「誰に→何を」が明確になりました。

　私たち中小企業が開発した商品で、売上が安定するまでに時間がかかるのは、このような背景があるのです。

　五常での具体的な事例で見てみましょう。

五常の販売する台車で、「上下観音扉付きカゴ台車」という商品があります。高さ170cmのカゴ台車に上段2枚、下段2枚の計4枚

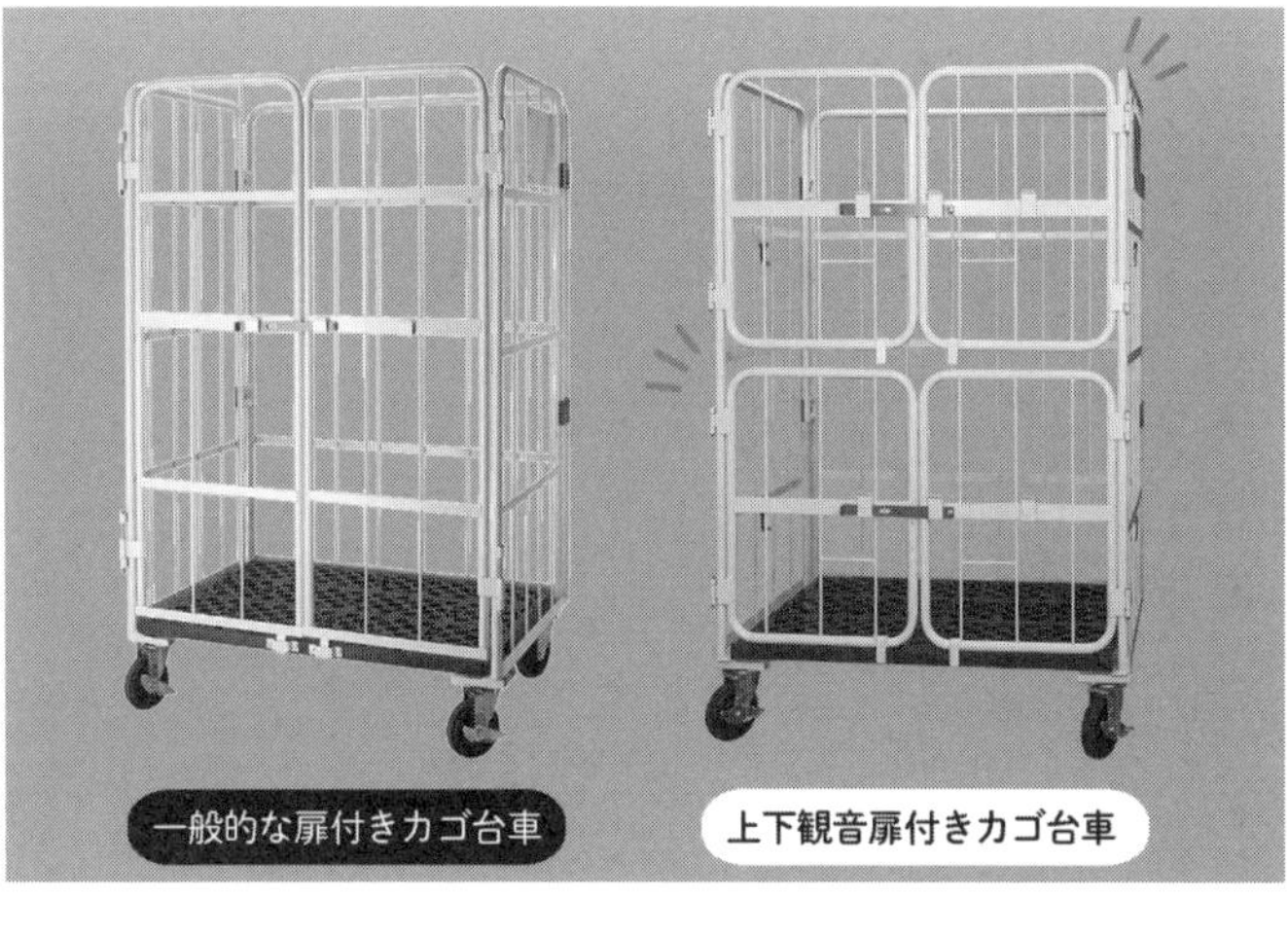

の扉が台車の開口部についています。

五常はなぜ、4枚扉の上下観音扉付きカゴ台車を作ったのか。五常には規格品で2枚扉の観音扉付きカゴ台車があったのですが、これに荷物を高く積み上げた状態で扉を開くと、荷物が崩れ落ちて危険という、現場の悩みを多数聞いたからでした。その悩みを解消するために、高くした荷台のカゴの扉を上下に分け、荷物が少ないときは、上段だけ空けた状態で荷物を積めるようにして、荷物がたくさん載っているときにも下段の扉が落下を抑えるようにしました。これで、荷崩れすることなく安全に荷物を積んで運ぶことができるのです。

皆さんにも、上下観音扉付きのカゴ台車が便利な商品だと感じていただけたでしょうか。開発して販売し始めた段階では、言語化8で述べた「いいモノ」に過ぎないのです。また、この状態で販売するのもまさに、「何を→誰に」の状態です。荷崩れで困っている人は誰か、そこまでは明確に分かっていなかったのです。

これを、「誰に→何を」の状態にするには、とりあえず頑張って売ってみるしかありません。ホームページの「台車屋五常」に上下観音扉付きのカゴ台車の情報をはじめ、動画でその機能について紹介もしました。そして少しずつ売れるようになっていきました。

注文が入ると、早速、五常のDガールズが電話でお話をうかがいます。質問は、たった2つ。「なぜこの商品を購入しようと思ったのですか?」と、「これまではどうしていたのですか?」です。

「なぜこの商品を購入しようと思ったのですか?」という質問に対する答えとしては、段ボールの保管に活用したいというお客様が多いことに気が付きました。主に、倉庫、工場、店舗の方からです。空いた段ボールを潰して保管する際に、2枚扉の観音扉付きカゴ台車だと、荷崩れしやすく、ストレスを感じていたと言います。

「これまではどうしていたのですか?」という問いかけには、台車の中で段ボールがある程度高く積み上がってくると扉を開けられないので、170㎝あるカゴのふちまで持ち上げて、段ボールを中に投げ入れていたということでした。重い段ボールを何度も頭の上まで持ち上げることは想像以上に重労働で、小柄な女性社員にはできない作業だったということです。ここまでの情報では、「誰に」はまだ不鮮明ではありますが、この時点でも五常では「ダンボール保管の課題解決方法」といった動画配信程度は行って、集客につなげるようにしています。

そして、販売数が大きく伸びてきたときに、Dガールズがあることに気付きました。それは、マンション管理業者やマンション管理人といった、マンション関係の方からの問い合わせと購入を多くいただいていたということです。

その方たちの悩みには、共通点がありました。それはゴミステーション（24時間ゴミ置き場）を整理整頓したいということです。整理整頓の悩みにもいくつかありますが、一つはスペースの有効活用です。ゴミをもっと高く積み上げたい——そんなときに、狭いスペースでも荷物をたくさん積み上げられるカゴ台車が活躍します。

そしてもう一つは、ゴミを安全に積み込みたいという要望でした。これは、上下観音扉付きカゴ台車の、ゴミを高く持ち上げなくても入れられ、扉を開けたときに荷崩れしにくいという強みが生かされます。

この状態で、ホームページの内容や動画を更新し、「マンションのゴミステーション利用者→上下観音扉付きカゴ台車」というように、マンションのゴミステーション専用カゴ台車として打ち出し、さらに販売数が伸びるようになります。マンションの関係者の方にとって、上下観音扉付きカゴ台車が、自身の悩みを解消できるものだと結びつけることができたのです。これは、次の言語化10の潜在ニーズを顕在化する取り組みでもあります。

ここまでは、お客様とは電話や写真、動画のやり取りで完了します。ですが、ここで終わりではありません。ここからもっと「お客様の顔が見える状態」を目指します。さて、何をするのでしょうか？　実際に利用している現場を見せてもらうのです。これには大切な意味があります。

現場に行くと、電話でのお客様の説明だけでは見えないことに気付くことが多いからです。また、お客様が置かれた状況によって、その課題が変わることもあるのです。

例えば、最近の集合住宅では24時間ゴミを捨てられるようになっています。それは、次のことを意味します。要するに、ゴミステーションにゴミが全くない状態は、ゴミ収集車がゴミを回収した直後だけということです。

こうした状況下で、マンションの清掃員の方に感謝の言葉をいただくことが多々あります。それは、ゴミステーションの床を清掃するのが、本当に楽になったというのです。清掃は、最もゴミが少ない回収日の翌朝に行うようにしており、床を水洗いしてブラシをかけるそうです。その際、これまではゴミを移動させるのに手間がかかり、困っていたということでした。

この困り事（課題）に対し、カゴ台車に載せたゴミはいつでも簡単に移動できるので、清掃にかかる時間も短縮できて、大変楽になったということでした。

また、ゴミステーションの前までゴミの収集車をつけることができたとしても、ゴミと収集車までには10m程度の距離があります。台車をゴロゴロと収集車の目の前まで移動できることで、回収の手間も省けるようになったそうです。

かなり困り事は解消できたように思われましたが、次にこんな課題が出てきました。ゴミを移動できるのはいいが、どうしても生ゴミの水分がポタポタと床に落ちるのが気になっているということでした。

そこで新しい対策として、台車の底に水分をキャッチする受け皿を新商品として開発して販売することにしました。お客様にセットでご購入いただけることで、さらに売上が伸びる状況がつくれたのです。

このように、現場で生の声を聞き、お客様に感じていただける価値を理解することで、発信できる情報が増えて新たな商品開発にもつながりました。また、その状況を実際に動画に収めて、これから検討する人や、「マンション　ゴミ整理」「マンション　ゴミスペース」といった検索で解決策を探している方に情報を届けることができ、売上が大幅に伸びていきます。これが現場に行く意味です。

「現場に解あり」。これも、経営の言語化の一つだと私は考えています。

現場に行くことで、たくさんの視点で物事を見ることができます。マンション管理担当者、清掃業者、住人、ゴミ収集の方、皆それぞれが一つの商品に対し、それぞれの価値を感じてくれています。小規模マンションの悩み、大規模マンションの悩み、施設の造りによる悩み、全てが全く同じということはないのかもしれませんが、その一つひとつに気付きがあります。この気付きに対して、異なる一人ひとりに適切な情報を届けることができるようになること。これが「お客様の顔が見える状態」だと、私は言語化します。

「誰に」の悩みをイメージできると、提案の仕方が変わってきます。

お客様自身が見えていない課題に気付いていただくきっかけも、たくさんあるのです。五常では、普段の会話の中で、Dガールズが「最近あの台車、『誰に』が見えてきたよね」と話す声が聞こえてきます。

皆さんの新規事業でも、「何を↓誰に」「誰に↓何を」これを言語化してみましょう。自分たちの現在の状況を明確にするだけでも、次のアクションが見つけやすくなるはずです。そして、お客様の顔が見える状態まで、〝なぜ〟を繰り返してみてください。そこから、気付きがたくさん生まれるはずです。「何を↓誰に」「誰に↓何を」について、皆さんはどうお考えになるでしょうか。

言語化10

新規事業の3つの起点

ここでは、改めて「新規事業の3つの起点」という言葉に触れておきます。言語化8に出てきた、「いいモノ（売りたいモノ）」と、「求められるコト」は3つの起点のうちの2つでもあります。

新規事業や、新商品の開発を始める3つの起点は、次のようになります。

A：やりたいコト
B：できるコト
C：求められるコト

「いいモノ（売りたいモノ）」というのは、ここで言う「A：やりたいコト」ですね。皆さんの、新しい取り組みに対する普段のアンテナの張り方を思い出していただくといいと思います。新規事業がより早く結果を出せるのは、どれかお分かりですか？　そうですね、もちろん「C：求められるコト」です。これは、まさに「誰に↓何を」ですね。

残りの2つ「A：やりたいコト」と、「B：できるコト」は、成果が出るまでに時間がかかることも、もうお分かりでしょう。商売とは悩みを解消することです。AとBは、あくまで売る側の視点で、誰がそれを求めているのか探すところから始まる、「何を→誰に」ですね。

ただし、決してA・Bから始めてはいけないということではありません。3つの起点についで補足をしておきます。

A：やりたいコト

3つの起点で一番成功までの道のりが長いかもしれません。先ほどの衝動買いと同じレベルだと考えます。私はいつもいろいろなものにトキメキを感じています。このトキメキすら共感してもらうことができないことも多いですし、何度もこの「やりたいコト」を始めて諦めてきました。

B：できるコト

自分たちの強みやノウハウ、技術力を生かして顧客を増やそうと考えると思います。これまでの商品に新たな機能を搭載するのも、比較的容易です。また、やっていたことを中心に考えることができるので、「A：やりたいコト」よりは、比較的成果が出るまでの時間が早いかもしれません。自社のこれまでのマーケット（お客様）に、アンケートを取るのもいいでしょう。

C：求められるコト

これは私たちが新規事業の起点として目指すべきところですね。目の前にいる人が、雨が降ってきたのに傘を持っておらず困っているのなら傘を差し出せばいいのです。そしてもう一つ大切なのは、「あなたの課題はこれですよね」と一緒に共感することで、相手の中に新たな課題が生まれることもあります。現場を自らの目で見てみると、世の中の非常識な常識、業界の古い慣習など、そんな中にも新たな課題が潜んでいるかもしれません。

3つの起点の重要なポイントは、今、自分がやろうと思っていること、興味のあることはこの3つの起点のどれなのかをきちんと捉える、ということです。

補足ですが、もう少し深掘りをしてみましょう。「顕在ニーズ」と、「潜在ニーズ」です。顧客が顧客自身の困り事を認知しているか、認知していないのかです。

①顕在ニーズ

雨が降ってきたけれど濡れたくない、だから傘が必要とされる——といったように、この製品やサービスが欲しいと明確になっているお客様が目の前にいるのであれば、売れる確率は上がります。一方で競合も増え、価格競争も激しくなると思います。

注意が必要なのは、「こんな商品があれば売れるのに」「御社の商品をこんな形にすれば絶対売れるよ！」という甘い無責任な言葉です。これは決して顕在ニーズではありません。「いいモノ」というだけでは売れません。

実際、それを用意して日の前に提示しても、「今は要らないよ」とか、「ちょっと高いかな」と言ってごまかされた経験があるのではないでしょうか。悩みがないところに商売は成り立ちません。必ず、お客様はどんな悩みを持っていて、なぜそれが欲しいのか、いくらなら買いたいのかを確認しましょう。それによってその過ちは避けられます。人は誰しも「いいモノ」に心惹かれますが、それだけでは購入の動機にはなりません。

②潜在ニーズ

私たちが一番目指したいのは、この「求められるコト」の中の潜在ニーズを見つけることです。そのポイントは、いくつかあるでしょう。

最も身近なのは、今売れているものがなぜ売れているのかを探ることです。自社の製品とは結びつかない業界の人に買われている、ここにも尖ったニーズがあるのかもしれません。同業の人たちはまだ解決方法に気付いていない、潜在的なニーズが眠っていることも考えられます。その人たちにアプローチするといいでしょう。

次に、業界の当たり前を疑ってみることです。それしかないから仕方なく使っている、というやつです。そこには見えない不満があったり、我慢したりしている人がいるかもしれません。また、不満を感じていることにすら気付いていないこともあるのです。

言語化7で紹介した五常の「天使のカゴ台車」は、これまでは高さ1・7mが規格サイズだったカゴ台車を、高さ1・1mにしたことで、進行方向が見えにくい、重くて動かしにくいという悩み・不満の解消につながったと言えます。「大変だな」と思ってはいてもそれを仕方なく使っていた、まさにそれです。

話は少し飛躍しますが、ガラケーしかなかった時代には、見えない不満も多かったと思います。ビジネスメールの確認や送受信のために外出先から事務所に戻ってパソコンでやる、というのが当たり前でしたが、今はスマホで確認ができて返信も済ませる人が少なくありません。私の場合、ビジネスのやり取りは、基本的にSNSで完結したいと思うタイプです。メールすら面倒で不満に感じているくらいです。

私が五常に入社した2011年、スマホ所有者は私だけでした。現場の人たちから「そんなの要らないよ」なんて笑われていましたが、2年後くらいにはみんなスマホに替えていました（笑）。

実は、この潜在ニーズにはもう一つ言語化できることがあります。「それがなくては困る」です。不満を顕在化させると言ってもいいかもしれません。

私が五常に入社したばかりの時、天井10ｍの高さを測るのに、本当に苦労しました。スキー板のようなサイズの伸縮メジャーを、天井まで伸ばして計測していました。メジャーを現場に持ち込むのも大変でした。今は手のひらサイズのレーザー測定器で、ミリ単位を1秒で正確に測ることができます。「なくては困る」のです。

ちょっと事例がニッチすぎたので、ぜひ皆さんもご自身の言葉で言語化してみてください。そして、自社の商品・サービスでお客様に「なくては困る」と思ってもらっているものをたくさん見つけてみましょう。私たちが気付いていないところで、お客様がきっとそんなふうに思っていることがあるはずですから。

言語化11　衝動買いと衝動販売はダメ！

言語化8は衝動買いがテーマでしたが、私たち経営者が気を付けなくてはならないことがあります。それは衝動販売です。聞き慣れない言葉でしょうが、経営者なら誰しも経験したことがあると思います。よく覚えておいてください。衝動販売であまりいいことはない。分かっていても、私もよくこのことを忘れて暴走し、在庫の山を見て後悔しています。

衝動販売とは、「これはいい商品だ！　絶対に売れる！」「この分野はブルーオーシャンだ！」と、ワクワクして自分の感覚だけで判断し、自社製品を開発したり製造したり、大量に在庫をストックして商売を始めることです。

時にはその感覚でうまくいくこともあるでしょうが、総じて成功する確率は低く、軌道に乗るまでの時間が長くなることも多いのです。だから注意が必要です。

繰り返しになりますが、これは誰の悩みや困り事を解決するものなのか。確かにお客様は困っているけれど、それが解決策になると思ってもらえそうなのか。自社にその顧客につながるマーケットがあるのか。お客様の顔が見えていないのに、いいモノだから買ってくれるだろうと決めつけてはいないか。価値を感じてくれる人を明確にすることが先決です。

ある産業廃棄物処理業者の経営者が、コロナ禍によって世界が混乱し始めた２０２０年頃、全身消毒器なるものを見つけて、「これだ！」と、１台１０００万円するものを２台も契約したという話を聞きました。大型トラックのコンテナみたいな筒状の箱の中に微細な消毒ミストが噴霧され、その中を人が通ると全身消毒が完了するという商品です。確かに、コロナ禍という時流に乗った商品なのかもしれません。

世の中では消毒液が不足するほど、消毒というニーズは「求められるコト」でした。でも、消毒したい・消毒液が欲しい＝全身消毒をしたいとはなりません。経営者の「いいモノ」だという思い込みに過ぎないのです。それがなくて困ると思っている人もいなければ、それがあればお客様が戻ってくると信じているお店もありません。あの頃は、町中から人が消え、外を歩いている人すらわずかだったのですから。２０２３年現在も、その全身消毒機は売るのか、貸し出すのかも決まらぬまま一度も使われることなく、倉庫にしまわれているそうです。衝動販売のための衝動買いだったのです。

私にも、このような経験がたくさんあります。

ある製品を開発するための試作品について、加工屋さんに相談している時でした。その加工屋さんの社長から日本一発光量がある蓄光素材で何か製品を作らないかと提案を受けたのです。蓄光とは昼間は周りの光を吸収し、暗闇になると光るものです。私は、停電時に急に暗くなった際、電気がなくても誘導灯として利用できるとひらめき、すぐに商品化しました。

五常は店舗工事を請け負っているため、その担当者に早速営業したのですが、もちろん誰もピンとはきませんでした。今思うと、なんでこんなものを作って衝動販売したのかと恥ずかしくなりますが、このような商品を20以上も作ってしまった過去があります。

衝動販売でうまくいった経験が、皆さんはありますか？　もしうまくいったことがあるのなら、うまくいった理由があります。言語化できていない感覚（カン）で、顧客の悩みと結びつけられていたのかもしれません。これが言語化できれば、社員やメンバーにもその感覚が伝わるでしょう。うまくいく衝動販売と、うまくいかない衝動販売。ぜひ言語化してみましょう。衝動販売について、皆さんはどうお考えになるでしょうか。

言語化12　成功の秘訣は隣接異業種

さて、隣接異業種とはなんでしょうか？　この言葉は、言語化7の事例4－2でも紹介した、「スモールサン」で出合ったものです。

立教大学名誉教授の山口義行《やまぐちよしゆき》先生は、「中小企業は常に隣接異業種にチャレンジして5％の新規性を」といつも私たち経営者に語ってくださいます。隣接異業種と、新規事業の違いは何でしょうか。言語化してみましょう。

隣接異業種とは、新規事業の中の一つと定義します。簡単に言うと、中古車販売店を経営している経営者が、大好きだからという理由で急にラーメン屋さんを始める。これは何の関連性もない新規事業です。

一方で、中古車を販売する際に、特殊なボディコーティングを施してプラスアルファの利益を得ていたとします。その技術が好評で、中古車購入後の顧客からも定期的にコーティングを依頼されていたため、広く一般の顧客に提供することを考え、カーコーティングのホームページを立ち上げて新たな集客を行い、事業の柱にする。これは隣接異業種と言えるでしょう。

　中古車の購入者に、格安のキャンピングカーに興味を持つ人が多いことに気付き、軽自動車のバンを仕入れてキャンピングカーに改造して販売する、中古キャンピングカー専門店を開業する。これも、隣接異業種と言えるでしょう。

　中古車販売店の業績が順調に伸びたため、車両整備会社をM＆Aして、外部に依頼していた整備を内製化し、車両整備会社を設立する。これも、隣接異業種です。

　ここまで来ると、なんとなく言語化できそうですよね。

　隣接異業種とは、自社の特徴や、固有のスキル、お客様から選ばれている理由を理解して、それを生かした取り組みということです。何が当てはまるのか、社内で考え続けることが大切です。

　これまでの皆さんの隣接異業種を例に取り、既存事業の何を生かしたのかを、言語化してみるのもいいでしょう。既存事業の「マーケット（顧客）」を生かし、新しいサービスの提案や、様々なニーズに耳を傾けてみるのもいいでしょう。また、既存事業の「ノウハウ（技術）」を生かし、その施工ノウハウを同業者に提供して、特殊なコーティング剤やコーティングメニューを売ることで、収益を得ていく。既存事業の「外注業務」を社内に取り込み、利益率を高めていく方法もあるでしょう。

中小企業において、中古車販売店が全くの畑違いのラーメン屋さんを始めるよりも、既存事業の特長を生かすほうがよっぽど成功する確率は高くなるのです。

例えば、焼き鳥屋さんがシメで提供していた売れ筋の鶏スープを使った鶏そばラーメンの専門店を出店する。このように、飲食店運営のコツや、仕入れルートの活用、原材料の供給ルートの併用など、焼き鳥屋の隣接異業種のラーメン屋のほうが、成功までの時間や、成功する確率は高くなることでしょう。だから隣接異業種が大切なのです。

また、隣接異業種は、既存事業の新たな集客につながります。カーコーティングを利用していた顧客が、自分の車をキャンピングカーに改造したいと相談をする。中古車販売店で車両を購入した顧客が、定期的に車両整備の依頼を頼んでくれるようになる。ラーメン屋さんが顧客にチャーシューは簡単に売れても、車サービスをトッピングで売るのは難しいのです。

五常の中にも、複数の隣接異業種が混在します。建築しかやっていなかった時は、いかに五常を知ってもらうかで悩んでいました。また、様々なことをやっているため、自分たちは何屋さんだろうと常に問い続け、悩んできました。

でも、こんな問いかけは不要だと気付きました。お客様が五常＝○○屋と決めてくれればそれでいいのです。五常は工事屋さん、台車屋さん、レンタル屋さん、電動製品屋さん、空調屋さん。全てが五常です。その方にとって必要な存在になれれば、双方幸せになれると思います。五常の各事業は隣接異業種として、共通の顧客でつながっている。これが五常です。

隣接異業種はある意味、「誰に」がある程度明確になっている人たちへのアプローチが基本となります。だから成功する確率が高いのです。隣接異業種について、皆さんはどうお考えになるでしょうか。

言語化13 発展とは何かの一部になること

発展とは何かの一部になること。これもまた、「スモールサン」の山口義行先生からの言葉です。すぐにはピンとこないかもしれませんが、ここから少し一緒に考えてみましょう。

発展の言語化は、経営においては新規事業や新しい取り組みをする意味や理由が見えてくる、とても大切なことです。

ぜひ、まだ答えを知らない社員の皆さんや知り合いの経営者の方と、「発展とは何か?」を、一緒に議論をしてみるといいかもしれません。一般的には、以下のような答えが返ってくるのではないでしょうか。

発展=前進、成長、進歩
発展=さらなる利益
発展=増えること(できること・人・金・資源)
発展=改善すること
発展(ChatGPT)=ある状態や段階からさらに高度な、または洗練された状態や段階へと進行するプロセスを指します。

発展と言うと、こうしたキーワードが出てくると思います。ではここで、もう少し具体的に、そして私たちの身の回りのことを例に挙げて、発展とは何かの一部になることを言語化してみます。

次のキーワードから、何を連想しますか?

「お弁当屋、惣菜屋、おにぎり屋、お菓子屋、ケーキ屋、酒屋、タバコ屋、本屋、ＡＴ

M、雑貨屋、生活用品屋……」。もうおか分かりですね。コンビニに取り込まれたサービスです。コンビニの一部になることで、その利便性は広がり、単体の時よりも業績が伸びるのです。これも発展です。

それではもう一つ。「地図、カーナビ、デジカメ、懐中電灯、財布、音楽プレーヤー、ネット、鍵、メール、カレンダー、スケジュール帳、銀行、新聞、名刺、携帯ゲーム機……」。いかがでしょうか。そうです、スマホです。各サービスはアプリとしてスマホの一部になることで、コンテンツ全体の発展につながってきました。

コンビニもスマホも、なくてはならない存在になりました。私が学生時代に、デリバリースタッフのアルバイトをしていた頃は、地図を片手に配達をしていました。暗くなって地図が見えない時は、小さな懐中電灯で照らして探したものです。今なら、スマホ一つで十分です。地図情報は電子化され、紙の地図を持ち歩く必要はなくなり、さらにルートや到着時間まで分かるようなり、ナビも不要になりました。表札の名前はスマホのライトで見ることができるのです。

ただし重要なことは、何かの一部になることで、単体の機能がお役御免になるわけではないということです。

地図は電子化され、世界地図がまるごとポケットに入ります。ナビも進化し、さらに探したいお店が探せるようになります。口コミも表示され、今では宿泊予約もできます。一部になったコンテンツはより便利になり、各々が独自に進化し、新たな事業を生み出します。

ここで、こんな気付きがあります。2つの中小企業が持っているそれぞれの価値を組み合わせ、それらが新しいサービスの一部になったとしても、さらに発展する可能性があることが分かります。M&Aとは、本来そういうものなのでしょう。大が小を取り込んで終わりではなく、その両方がさらに進化するきっかけになるのでしょう。

いかがでしょうか。本書で何度もこのような話をしてきましたが、ぜひ、皆さんも自身の事業に置き換えて言語化し、自分事化してみてください。

それでは、ここで私が五常の発展を言語化してみたいと思います。

五常は創業2002年。私は2011年に入社しました。入社した頃の社員数は10名前後でしたが、2023年現在では27名に増えました。当初の事業は工事業だけで、売上の95%を1社に依存していたことに不安を抱き、2012年より社員全員で様々な新商品、新サービス、新規事業に取り組みました。

その結果、現在では、①工事業 ②台車レンタル・販売・メーカー業 ③環境改善事業（シーリングファン）④「乗れる電動台車」事業 ⑤ウェブ事業と、5つの事業が、五常全体の一部になっています。

工事業で使っていた台車を、一般の方にレンタルしてみました。そのお客様から台車を売ってほしいと相談を受け、仕入れて販売し始めました。「こんな台車がないのか」とリクエストを受け、製品開発が始まりました。その製造を中国に相談して、オリジナル商品の販売が始まりました。工場や倉庫の方から熱中症対策の相談を受け、環境改善事業のシーリングファンの販売を開始しました。設置工事は、工事業のノウハウが生かされました。設置工事をしている最中に、修繕工事をついでに依頼され、新しい工事にも挑戦していきました。

台車の購入に来られた人が、台車を購入しても社員の1日の歩数は減らないことに気が付き、使う人も乗れる電動台車を買って帰るのです。工事の最中に、1tの荷物を数名のスタッフが大変そうに押している状況を見て、女性が一人で牽引できる電動の台車も開発しました。電動製品の設計には、工事部の設計ノウハウが生かされているのです。

これら事業の集客のほとんどは、ホームページで行っています。これも2012年より自社の情報発信に力を入れ、内製化されたウェブ事業は現在、他社の優れた価値を世の中に情報発信するというサービスにつながっています。ウェブ事業も、このようにして生まれたのです。

五常の新規事業は全て隣接異業種から始まっています。関わる人たちの悩みや課題を解決し続けた結果です。「できない」と言わず、「できる」方法を考える姿勢は、創業当初から変わらず全社員の一部になっています。「いいモノ」を売るのではなく、「悩みの解消」を経営理念に掲げ、全ての事業やサービスがこの理念の一部になっているのです。もちろん、各事業は毎年大きく成長を続け、五常全体の成長につながっています。

これが五常の発展の言語化です。ぜひ皆さんの事業も、発展を言語化してみてください。発展とは何かの一部になることについて、皆さんはどうお考えになるでしょうか。

言語化14 仕事を、辞める・切る・断る決断

本章では、新規事業について言語化してきました。最近のセミナーでよくこのような質

問をいただきます。うちの事業は価格以外で評価をされません、その上、1社への依存度が高く、辞めたくても辞められなく困っている。どうすればいいのでしょうか？

その問いに対する答えはこうです。辞めればいいと思います。

もちろん今すぐにではありません。辞めても問題ない状況になるまでは、頑張る必要があります。そして、辞めるにはいくつかの決断ポイントがあるのです。

最初の決断ポイントは、「死ぬかどうか」で決めましょう。どういうことなのかと言うと、赤字ならやってはいけないということです。いつか会社が死んでしまいます。請求書の支払いや、給与の振り込みをやめたら会社は死んでしまいます。または、社員に肉体的・心理的負担を強いて傷つけている場合です。社員が持続してその仕事に従事できないなら、どんなに利益が出ていても辞めるべきでしょう。すぐに辞められないなら、その負担を分散してとりあえず乗り切ることは必要ですが、期限を決めるといいでしょう。頑張っている社員が辞めるようなことがあれば、会社は死んでしまうからです。

社員をリスペクトできない経営者や事業担当者は、リーダーとして失格です。そんな会社は死んでしまわないまでも、成長・発展はありません。誰も幸せになりません。経営者にも明るい未来はないでしょう。ちょっと言いすぎかもしれませんが、働く社員が生き生きとし、事業が発展している会社では、このような経営者や事業担当者は見たことがないので間違いはないと思います。

次のポイントは、「薄利・価格評価しかない仕事」です。この場合は辞めたいのですが、すぐ辞めていいということではありません。まずは今の仕事以上に利益の出る仕事が、自社の新しい商品やサービスとして提供できるようになることが大切です。これは大変かもしれませんが、固定費を稼げているうちは、今の事業を大切にする必要があります。もちろん、新しい事業が柱に育っているのであれば、悩む必要はありません。やはり先に述べた新規事業や隣接異業種にチャレンジすることが必須なのです。

でも、この時期が一番しんどいです。利益が出ていないため、人を増やすこともできず、一人ひとりの負担が大きくなるのです。本来は100%の力でみんなで頑張って仕事ができていたとしても、このときは120%を超えるような負担があります。一方で、20%以上の成果が目に見える状況には簡単にならないのもこの時期です。だから、みんなで会社の未来を語り、どんなふうになりたいかをみんなで共有する、ビジョンを明確にするといいですね。「十分なボーナスが出るような会社にしたい」「みんなで最高級のレストランに行こう」「新しい車を買おう」、なんでもいいのです。

次のポイントは、「顧客、パートナー企業、自社が全て対等の関係にある」ということです。誰かが、苦しんでいる――特に社員が苦しんでいる状況であるならば、辞めていいでしょう。また、パートナー企業など、誰かの犠牲の上に成り立っているのであれば、事業の仕組みを見直す必要があります。現在の日本の「安い＝価値」という、当たり前になっている状況はこのような仕組みの上に成り立っていると考えます。結局は、自分に跳ね返ってくるのですが。みんなが正しい価値を共有し、利益を享受できている状況を目指したいものです。

ここまでくると、無理なく「あるお願い（交渉）」もできると思います。それは、値上げです。既存の事業の中で薄利の状況で、辞める決断ができるのであれば、思い切って状況を説明して値上げ交渉をしてみましょう。案外受け入れてくれることも多いです。その理由は、御社がなくてはならないと、価値を感じてもらえているからです。その価値が何かを、きちんと理解し、言語化することも忘れずに。実はこの価格交渉は、自社の本当の価値を理解できていれば、断られない理由が見えるものです。

新規事業の前に、その価値探しを忘れずにやりましょう。第４章で紹介した価値探しは、本当に大切なのです。

最後のポイントは、「社員のやりたくないコト」を辞める決断です。

やりたくない。病んでしまうような我慢の状況でなくても、辞めていいのです。辞めると言っても会社の仕組み上、辞められないこともあると思います。そんな時は、躊躇《ちゅうちょ》なくそれをアウトソースすればいいのです。給与計算が面倒なら、ソフトを導入するのも一つの手ですし、会計事務所に依頼をするのもいいでしょう。空いた時間に、さらに新しい取り組みを行えばいいのですから。アウトソースするのはもったいないと、目先の利益にとらわれがちですが、その業務から解放された担当者はより楽しんでできる業務に従事できます。嫌いな仕事よりも、好きな仕事のほうが、あっという間に時間は過ぎるし、効率も生産性も上がるのです。

その他にも、五常では、対応が横柄だったり、お互いのリスペクトのない顧客を、社員の判断で切ってもいいというルールが昔からあります。

いかがでしょうか。辞められる状況がつくれるのならば、仕事はどんどん辞めていきましょう。状況がつくれなくとも、死んでしまうようなことがないなら、思い切って先行投資と思って辞めてみるのもいいでしょう。辞める・切る・断る決断。皆さんはどうお考えになるでしょうか。

事例
5-1

「辞める」で会社が成長

事業を辞めるという事例を、五常の工事業に置き換えて振り返ってみます。

五常は元々、工事業一本でした。売上の95%が1社依存であったため、簡単には価格交渉はできませんでしたが、材料費や交通費、燃料費が上がれば、それに伴い価格交渉は受け入れてもらえました。

ですが、そのお客様は大手ホームセンターの店舗改装や売り場作りの部署で、新規店舗や店舗改装工事の計画は本社が判断するため、五常が営業や新しい提案など、努力をしても仕事が増えるわけではなかったのです。

例えば店舗で使っている備品も、本来なら壊れる前に修理や定期メンテナンスをしておけば、急に故障して慌てる必要も、修理コストも高額にならずに済むのに、実際は壊れないと外部に依頼ができないのです。無駄な出費を抑えるための、定期メンテナンスといった改善提案も、お客様側の方針で受け入れられませんでした。

さらなる売上につながる仕事ができない状況だったのです。そして依存していた企業からの売上は、毎年コストカットのために減る傾向にありました。店舗改装に費用を回さないような決断をされていたからです。これは仕方ないことです。吾峠呼世晴《ごとうげこよはる》氏のマンガ『鬼滅の刃』の冨岡義勇《とみおかぎゆう》のセリフ「生殺与奪の権を他人に握らせるな！」ですね。五常は、まさにこの状況だったのです。社員の給与分の利益を確保できず、給与カットも一時は行っていました。

新しいことに挑戦する必要があった五常は、新しい工事を獲得すべく営業を行いました。

建物を建ててその内装一式をやりたいという社員の思いを、まずは実現してみることにしました。

建物の外装工事は、大手ハウスメーカーのアパートの外装（屋根・外壁）の仕事に挑戦しました。こちらはいわゆる人工《にんく》仕事といって、例えば、1日一人1万5000円といった人材派遣のような仕事です。どんなに仕事が順調で早く終わっても、仕事が遅れていても、決まった金額しかもらえません。年末年始に仕事がない五常は、背に腹は代えられないのでみんなで頑張りました。それでも、たくさんの技術を取り入れることができたのは間違いありません。

次に内装工事として、賃貸ワンルームマンションのリノベーション工事を請け負いました。昔の同僚が立ち上げた新規事業の一環で、工事の一部を五常が請けることになったのです。この事業はとても面白い仕組みで、賃貸ワンルームに特化しています。それも、これは投資目的で物件を所有しているオーナーの悩み、空室解消を目的にやっている事業でした。リノベーションを行った部屋は、1カ月以内に賃貸契約されているという実績がありました。

オーナーは、リノベーションの方針に一切口を出せないようになっています。20代女性が多いエリアなら、女性が一度は住んでみたいカフェのようなお家でデザインされるのです。内装は、多数の女性にヒアリングをした上でデザインして、それを評価してもらい、本当に望まれるデザイン例を作るといったものでした。全てのワンルームマンションを決まったデザインにしていくので、まるで金太郎飴のように進められるのです。だから資材も全て同じものを使うことができ、変動費を最低限に抑えることで低価格で粗利を取れるようにします。それでも、周りのワンルームマンションとは圧倒的なデザインの差別化を行うことで、すぐに入居者が決まったのです。

この事業もまさに、「誰に」が明確になっていました。せっかくワンルームの賃貸マンションに住むなら、憧れのデザインの部屋に住みたいという入居者。それと、同じリフォームを行うなら、最短で入居者が決まるような部屋にリノベーションしたいというオーナーです。リノベーション工事は、それを実現するための手段に過ぎないのでした。

このリノベーションを一部屋50万円で請け負い、内装工事の経験を積みました。請け負い工事なので、頑張って効率良く仕事ができると、最終利益に大きく影響していきます。こういうことをやりながら、大手ハウスメーカーの人工仕事を辞めることができました。

それと同時に、電気工事など、建物を建てるにあたっての、隣接する工事をどんどん習得をしていきました。できる工事の幅（隣接異業種）が広がり、五常の工事全体の一部になっていったのです。まさに、工事全体が事業として発展していったのです。

この時、同時に辞めた工事があります。地盤改良工事のフランチャイズです。何かやらなくては困ったことになるということで始めた、土木工事業でした。多能工として技術は習得できたのですが、どうしてもそれを本業とする人たちのようには利益が残らなかったのと、社員が疲れ果ててしまい、やりたくないと思っていたのです。フランチャイズに投資した3000万円も惜しむことなく、辞めることができました。その後、工事部を創業メンバーの鈴木淳に一任して、工事部の業績はV字回復できました。面倒なことや無駄なことが嫌いで、常に考え、改善し、部署を引っ張ってくれる存在です。

こうして常に新しいことに挑戦し、今では小さな倉庫なら設計から建築までできる、日本一小さなゼネコンと自負する工事業に発展できました。現在の工事部になるまでには、たくさん辞めてきた仕事があります。そして、餅は餅屋で専門の工事業にアウトソースし、自分たちは自分たちの得意なことで勝負できるようになったのです。

ここまで来る過程で、五常の中で工事を提供する際の考え方が変化してきました。ただ単にお客様に言われた工事を提供するのではなく、どうしてその工事をやりたいと思ったのかを聞き、お客様の本当の課題や悩みに向き合えるようになったのです。お客様がやりたいと言った工事ではなく、もっと簡易的な方法で解決できることを提案します。目先の売上は小さくなっても、五常だからこそと思っていただけます。常にお客様の課題に向き合って、共感し、提案する。その提案も、できない理由ではなく、できる方法を考えます。

やったことのない様々な工法を探し、常に新しいパートナーと協業して実現します。お客様は、そこに五常の価値を感じてくれます。これが、日本一小さなゼネコンという仕組みです。これを言語化すると、「ただ言われた工事を売るということを、辞めた」のです。

工事業界では、どうしても乱暴な対応にあたることが多くあります。口調などは大した問題ではないのですが、相手へのリスペクトが足りないような人もいます。どの業界にも一定数いるのかもしれません。話し合ってもその溝が埋まらない時は、遠慮なく仕事を断り、お客様でも切っていいという考えで対応しています。その考え方の言語化は、企業理念である「仲良く 正しく 幸せに」。お客様やパートナーと、対等の立場で仲良く、正しい行いをし、関わる人の全てが幸せになれる。これが判断基準です。

その後の隣接異業種も、同様にして辞めること・切ること・断ることの連続でした。そうしないと、やることが多くなりすぎて、社員の幸せにつながらないからです。楽（ラク）することが仕事の本質だと考えます。

こんなに新しいことへのチャレンジできたのは、五常の社員のみんなと、未来を共有できたからだと思います。「河野は現場で作業する」のではなく、「自分たちがなんでもやってやるから、面白そうな仕事は全部取ってきてくれ」と言ってくれたおかげだなと思っています。鈴木淳のこの言葉が、今の五常の工事につながっているのです。

これ以上は長くなるので、どこかでお会いした時にご紹介したいと思います。

いかがでしょうか、皆さんの事業で辞める・切る・断るの事例、ぜひ言語化できるよう、まずは目の前のできることに取り組んでいきましょう。

言語化15
持たざる経営で始める

私は、五常に入社以前には、エムアウトという会社に在籍していました。エムアウトは新規事業で新しい会社をつくり、その事業の売却益で新たな事業をつくるというビジネスモデルの会社でした。ここでの取り組みの中で、たくさんの経営の言語化に触れてきました。ここでは、その一つである「持たざる経営」についてご紹介したいと思います。

ファブレス（製造工場を持たない）も、持たざるということです。五常の物流機器や、電動製品、大型シーリングファンも、基本ＯＥＭで自社ブランドとして、中国のパートナーに製造を委託しています。

人も同じです。新しい事業を始める時、その専門の人を採用して取り組みたくなるところですが、人材リソースも基本的に外部企業と提携することを考えます。在庫だって持たないでできるほうがいいのです。在庫を持つと、保管スペースの確保や管理の作業効率なども重要になってくるからです。

時に持つことで退路を断って、全てを賭けることもいいかもしれませんが、ユニクロやジーユーを持つ株式会社ファーストリテイリング代表取締役会長兼社長の柳井正《やないただし》氏も「1勝9敗」とおっしゃっているとおり、新規事業はそう簡単にはうまくいかないのが基本です。だから、たくさん同時並行で実行することを目指したいのです。そのためには持たざる経営が非常に重要なのです。

では、どのタイミングで持てばいいのか。それは、その新しい事業の先が見えてきた時、利益率が高まって事業生産性が上がることが見込める時だと思います。売上もコンスタントに増える仕組みができ、再現性ができた時、すなわちその事業が柱として見込めるようになった時でしょう。

ここまでで、中小企業の新規事業についての言語化を一通り行ってみました。繰り返しになりますが、本書を基に、皆さんの会社で行ってきたことと共通点を見つけたり、うまくいった理由を言語化してみてください。考えることで本質が見えてくるようになり、自分事化できるようになると、周りで起こっていること全てから気付きを得られるようになります。

経営者やリーダーに共通する能力の一つに、大量の情報の中から、直感（感覚）で必要な情報をつかみ取ることができる、というものがあるのではないかと考えます。同じように、社員にも直感でピンときてほしいなと思ったことは誰しもあると思います。

しかし、この〝感覚〟というものは簡単に引き継げるものではありません。

卓越した打撃センスを持った、ミスタージャイアンツの長嶋茂雄氏は、「スーッと来た球をガーンと打つ」という抽象的な言語化で、大勢の悩める選手を救ってきたことで知られています。でも実は、彼の自伝『燃えた、打った、走った！』の中で、その抽象的な言葉も理論的に言語化され、選手に引き継がれていたのです。

私たちも同様に、経営者自身がなぜこの情報が重要だと思ったのか、なぜピンときてほしいのか、まさにその感覚を一つずつ言語化していくことで、伝わるようになると思います。

一方で、正しい言語化ができなければ引き継げないということでは決してありません。長嶋さんのように、抽象的な言語化でも、社員の皆さんと一緒にその本質を考え続ければいいと思います。思いもよらない本質を見つけられたり、経営者自身が気付いていなかった会社の価値を見つけることにもつながります。

気付きのポイントは、人それぞれです。経営者自身が答えを持たなくとも、社員がその答えを見つけてくれることもあります。それが会社の伸び代でもあると思います。

持たざる経営について、皆さんはどうお考えになるでしょうか。

第6章

「捨てる」ものを言語化する

本章では、会社の事業承継（権限移譲）や、マネジメント、組織、理念など、組織・仕組みについて触れてみたいと思います。これは経営者だけの問題ではありません。大手企業の事業部でも、中小企業の一チームでも同様です。常にみんなが今の自身の業務、組織の考えを言語化し、それについて考え続け、一つ上を目指していくことが大切です。トップが次のステージに行かずして、社員だけが成長するなどということはありません。社員が成長しないと悩んでいるのは、経営者自身が成長していないからなのです。共に考え、言語化して、みんなで上のステージを目指しましょう。

社長やリーダーには、社長業や一般業務の他にやらなくてはならないことがあります。それは、自身の業務を捨てる（誰かに引き継ぐ）ということです。社長業で大切なことの一つですが、これがなかなか難しいのです。成長している会社の経営者、リーダーの共通点は必ず、この「捨てる」ことを意識・無意識のうちに行っています。

この本質を言語化していきましょう。言語化14と言語化15は事業の話でしたが、ここでは事業や業務を承継する前の準備について解説します。

言語化16
「やらないこと」を決める

日々の業務において、「やることを決める」と「やらないことを決める」、どちらが重要でしょうか。そして、それはなぜでしょうか？　ぜひ、社員の皆さんにも一緒に考えてもらいましょう。

実はこの2つ、似ているようで大きく違うのです。私たちが日々、無意識に行っているのは、「やることを決める」ということの連続だと思います。言語化7の事例4－2にあるように、人の行動は決断によってできているからです。だからこそ、どうしてもやることを決めがちになります。

チャレンジし続けている組織は特に、「やることが増えすぎて、手が回らなくなる」という課題を抱えがちです。息抜きをしながら対処できる人ならまだいいのですが、責任感が先行して自分で自分を追い込んでしまう人の中には、心や体を壊してしまう人もいるでしょう。これは絶対に防ぎたいところです。

やるべきことを決め、頭の整理ができたとしても、スッキリするのはその時だけで、半年もすると必ず業務量が増えて、この課題が再燃します。

だからこそ、ここで一番重要なのは、日々「業務を捨てる」「やらないことを決める」ということです。人の時間は有限です。増え続ける業務を日々捨てる――これを大切にしましょう。

捨てるために、一つテクニックをご紹介します。それは、「なぜそれをやるのか？」と、問いかけるのです。「昔からやっていたことだから」「やるように指示されたから」「それを辞めたら困るかもしれない」、こんな答えが出てくる業務は、捨てられる可能性が高いです。

また、皆さんの事業の中でどんな「捨てる」を実行できているか、話し合ってみましょう。意外と、捨てられていないことに気付くかもしれませんし、うまく捨てられていることもあるかもしれません。そのうまくできている「捨てる」は、会社の文化にもなりえます。

高機能の電子レンジに機能が200もあっても、使うのはせいぜい5つ程度、私たちの日々の業務や習慣の中に、そういったことはないでしょうか。ちなみに五常では、電子レンジを新たに購入するにあたって、手ごろな価格の不要な機能を捨てた単機能レンジ、というものに換えました。ダイヤルを回して時間設定、強弱の出力設定のみのシンプルなものです。会社で使うにはちょうどいいのです。

話が脱線したので戻します。五常では、新しい事業を始めるにあたり、常に何を捨てるか決める会議を行っています。台車のレンタル事業を立ち上げた当初のことです。「24時間、台車の引き取り・返却OK」というサービスを業界初（現在も誰もやっていません）で実施しようという話が持ち上がりました。具体化していくにあたって、いろいろな話し合いが行われました。

まずは、「盗難等のセキュリティーはどうするのか?」という課題です。防犯カメラを設置する、引き取りに来た時に電話をもらうなどのアイデアが出ましたが、Wi－Fiを使って画像を簡単に転送できる太陽光発電タイプの数万円の防犯カメラシステムがあるため、それを取り付けることにしました。

儲かるかどうかも分からない事業に、高額なセキュリティーシステムを導入するほど投資はできません。だから、多少のリスクは受け入れて、テストマーケティングをするという決断になりました。すなわち、セキュリティー問題は一旦「捨て」たのです。

結果的に台車が盗まれるようなことは、これまで一度も起こっていません。日々、出入りの数はカウントできているので、なくなった時はわかる仕組みになっています。

その次の課題、「自分で台車を積み込みができない人はどうするか？」についてです。

その時間だけ、社員が対応する――そんなの、早朝に呼ばれた場合、社員の誰もやりたくありません。フォークリフトをお客様に貸す――その鍵はどう管理するのか……。鍵はこっそり、隠し場所をお伝えして使ってもらおう。

これで、有人のサービスを完全に「捨て」ました。では、フォークリフトが運転できないお客様はどうするのか。それは簡単です。運転できないお客様は「捨て」ました。ちょっと、言い方は悪いですが。どうしても借りたいお客様は2名で来て、人力で対応されています。

大切なことは、五常でサービスを提供するにあたり、社員・お客様・パートナー企業、全ての人が誰一人嫌な思いをしないという考え方をベースに、ルールを作るということです。これを判断基準に、様々なルールを決めることにしています。持続可能なサービス提供とは、誰もが我慢をしないことです。誰かが犠牲になるのであれば、その対価をきちんといただき、その対価が見合わないサービスは「捨てる」のです。

一方で、捨てたことの中には、本当はやりたいこともあります。

フォークリフトを使わなくても積み込みができるリフトを開発したり、それに代わる製品を導入したりして、常に改善を続けてサービスをブラッシュアップするということです。私たちの現場の課題は、同様に世の中の課題につながっていることもあるので、ここにはビジネスチャンスがあると考えますから、これらは「捨て」たのではなく、棚上げしたと言うほうが正しいかもしれません。

もし、この「捨てる」を決断できないリーダーがいると、その事業はどうなるでしょうか。当社の24時間台車レンタルサービスで言うと、担当の社員がローテーションを組んで時間外に対応する、というような負のルールを決めるかもしれません。事業立ち上げ当初は、私も休みの日の急な対応にも応えてきました。そうすることで、確かにお客様に喜んでもらい、売上アップにもつながりました。もし、それを今でも社員に実行してもらっていたら、きっと社員は定着しなかったでしょう。

捨てる基準を決め、勇気を持って決断することが大切です。間違って捨ててしまったのであれば、拾い直せばいいだけなのですから。拾うのは、捨てるよりもずっと簡単です。「捨てる」について、皆さんはどうお考えになるでしょうか。

言語化17 「答え」を捨てる

たくさんの経営者やリーダーの方々とお会いする中で、こんな声を聞くことがあります。

それは、「うちの社員は自分に比べて能力が低い」「自分がやったほうが早い」「社員がみんな自分ならいいのに」といった内容です。

私たちが理想とする経営者やリーダー像とは、少しかけ離れているような気がします。このような発言は、誰もが一度は発したことがあるかもしれません。もちろん私も、マネジメントやリーダーを経験したての頃や、経営者としてまだ経験が浅かった時にはこう思うことがありました。

ですが、このような言葉を常に発している人は、今後、事業を人に任せる時に大きな足枷《かせ》となるでしょう。そして、会社の成長のスピードにも影響を与えることになります。ご注意ください。自分に矢印を向けましょう。

「うちの社員の能力が低いのは、経営者である自分の能力が低いからだ」。これが本質です。

でも、安心してください。この問題は、簡単に解消することができます。

経営者やリーダーは、「答え」を捨てる。たった、これだけのことです。

ここでいう答えとは、自分自身の決めた「正解」でもあります。この言語化は、三重県伊勢にある株式会社ゴーリキの強力雄《ごうりきゆう》社長からいただいた言語です。もっと早くに、この言語化に気付いていればと悔やまれます。ぜひ、自分事に置き換えて考えながら読み進めてください。

なぜ、経営者やリーダーは、社員やメンバーの不甲斐なさを嘆くのか？　その不甲斐なさはどうして生まれるのか？　誰しもが、悩んでいると思います。

他の人に任せたのはいいけれど、その結果に、「本当はそうじゃないんだよな」「任せた以上、その答えに口出ししにくいな」「口出ししてそっぽ向かれて、それ以上やってくれなくなったらどうしよう」……等々。

会社のボールペンを1本買うのに、経営者やリーダーの答えを押しつけていたら、事業を任せることとなんてできるわけがありません。

だから、その場はぐっと我慢して、時が過ぎるの待つのです。自分の気持ちは抑えることができますが、やっぱり気にはなります。そういうストレスのようなものが溜まってくると、冒頭に挙げた否定の気持ちが生まれてくるのでしょう。この気持ちが生まれる原因、それは自分の中にある「答え」です。

とはいっても、経営者やリーダーが、自分の答えを持ってはいけないということではありません。任せる内容に合わせて、自分の答えは捨てられるようになりますし、捨てなくてはなりません。

少し整理すると、ここで言う「答え」とは、行動した後の〝結果〟のことです。仕事を任された人は一生懸命考え、自分にとってのベストの答えを信じて行動に移しました。その結果がどうして生まれたのか、それを振り返るのは大切なことです。

社員が出してきた答えが気になったら、どんな「考え方」でその答えに至ったのかを確認することが大切です。その「答え」を否定するだけでは、相手のやる気を削ぐだけです。「自身の考える答え」と「社員の考える答え」が大きくズレている要因は、考え方のズレにあります。お互いの考え方が事前に共有できていれば、とんでもない答えが出てくるということはなくなります。それが起こってしまうのは、経営者やリーダーが、考え方を言語化できていないか、社員との考えを共有できていない時です。それ故に、私自身も常に、社員と考え方について話し合うように意識をしています。

別の角度から見てみましょう。経営者やリーダーの出す答えが「本当の正解」なのでしょうか？　私は、一概にそうとは言いきれないと思います。たくさんの選択肢の中から一つを選択し、ベストの答えだと信じるしかないのです。解決策は無数にあり、他の選択肢を選んで成功を収めている人もきっといるはずです。自分のことだけを考えた金儲けでも、誰かの幸せを考えて喜んでもらうためでも、いずれも会社に利益をもたらすことはできます。しかし、考え方を共有できていれば、各々が導き出す答えは全て正解になるはずだと、私は考えます。

これは、経営者やリーダーの「考え方（理念・ビジョン）」の言語化です。

事業を任せた以上、経営者やリーダーの答え（やり方）は捨てればいいのです。同じ考え方を共有できている組織――それを私は「会社の文化」と呼んでいます。

各々がベストの答えを探し続け、そこから生まれた答えに間違いはないのですから。やり方や手段はなんだっていいのです。これができるようになると、経営者やリーダーは悩まなくなると私は考えています。それでも、日々悩みは尽きませんが……（苦笑）。

サービスが数字につながっていない、それは誰かを幸せにできていないということでもあります。どうしてそうなってしまったのかを振り返り、結果だけで判断して社員を責めてはいけません。一生懸命に考えた答えが、どうしてお客様に受け入れてもらえなかったのかを議論しましょう。次の改善策が必ず見つかるはずです。

このように、一人ひとりが事業を自分事として捉えられるのが理想の組織だと思います。

「社員がみんな自分ならいいのに」の実現です。だから、考え方を話し合い、共有してください。その時も、ただ一方的に伝えるのではなく、「うちのお客様はなぜ喜んでくれるのだろうか」と、自分と社員に問い続け、共に考えるのです。

今、私はスタバで執筆を行っています。売り場のコーヒー豆を手に取り、眺めているお客様のところにスタッフさんが来ました。

スタッフ：こんにちは、コーヒー豆をお探しですか？

客　　　：はい。どれにしようかなと思って。

スタッフ：ご自宅用ですか？

客　　　：そうです。いつもは「ハウスブレンド」を飲んでいて、いつもと違うものも試してみたくて。

スタッフ：そうなんですね、ありがとうございます。（いくつかのコーヒーをご紹介したあと）こちらの「コーヒーは、本日のコーヒーで「ケニア」と言って、柑橘系のような香りと酸味が特徴です。試飲なさいませんか？

客　：ぜひ飲んでみたいです。

その後、そのお客様は、試飲したケニアと、ハウスブレンド、片手にドリンクを購入していました。

スタバの理念で検索すると分かりますが、「人々の心を豊かで活力あるものにするために―ひとりのお客様、一杯のコーヒー、そしてひとつのコミュニティから」とあります。この考え方の実現には、お客様とのコミュニケーション（聞くこと）が大切、といった答えがあるのかもしれません。あとは、スタッフが考え、自分の答えを信じて行動しているのだと思います。その行動の先に、たくさんの正解があるのでしょう。

私たち経営者やリーダーが、「コーヒー豆を売りましょう」とか、「積極的に声かけをしましょう、試飲もＯＫですよ」と言って全ての答えを決定していたら、キリがありません。「人々の心を豊かで活力あるものにするために―ひとりのお客様、一杯のコーヒー、そしてひとつのコミュニティから」とは、私たちの日々の業務の中に置き換えると、どんなことでしょうか？　という、投げかけ、考えるきっかけこそが大切なのです。コーヒーを通じて人々の幸せを願っている人たちの相手を思いやる気持ちが非常に心地よく、多くの人に受け入れられているのでしょう。コーヒー販売はその理念実現の、手段でしかないと私は考えます。

話は戻りますが、答え（やり方）を強要すると、そこには必ず反発が生まれます。「任せると言っても、最終的にはリーダーが決めたことしか受け入れてもらえないんでしょう。だったら、最初から答えを言ってくださいよ。時間の無駄です」という空気が、社員やメンバーの間に広がっていきます。

考え方（理念・ビジョン）をみんなが共感できているのであれば、あとは信じるだけです。信頼できる社員、メンバーの出した結果の全てがその事業の答えです。結果は数字に表れます。数字的にいい結果が出ても、悪い結果に終わっても、必ず次につながります。何度も言いますが、経営者やリーダーが答えを持ってはいけないということではありません。自分の答えに固執しないことが大切です。

自分の信じるもの、自身のベストの答えを持つことができると、あるワクワク感が生まれます。そして社員、メンバーが成長し、あっと驚くような答えに巡り合えるようになるのです。経営者やリーダーが考えていた答えを、遙かに超えてくる瞬間です。これが、会社の伸び代であり、成長し続ける企業の重要な要素だと考えます。

自分にはない、社員の感性に触れた瞬間、経営者やリーダーはこう感じるのです。「もう、自分の答えに固執する必要はない」と。そうすると、冒頭に挙げたようなストレスはなくなり、会社の成長と社員の成長を目の当たりにできます。そして、経営者やリーダーは、次のさらなる上のステップを踏み出すのです。これが事業の承継です。

皆さんも、任せるのであれば、考え方以外の、やり方の答えを捨ててみてください。小さなことから始めましょう。自分よりも気が利く社員の行動が、たくさんの人を幸せにしていることにも気が付くはずです。「答え」を捨て、「考え方」を共有する。皆さんはどうお考えになるでしょうか。

言語化18 「不安」を捨てる

皆さんは、経営・事業のリーダーとして、新しいことにチャレンジをしていく時、様々な不安を感じているのではないでしょうか。社員やメンバーも同様です。では、その不安はどこから来るのかを、考えたことはありませんか。ぜひ、自分事で思い出してみてください。

私たちの不安の多くは、見えないものを見ようとして感じています。用意周到と言えば聞こえがいいのですが、実は見えないものを見始めるとキリがないのです。一方で、絶対に見なくてはならないこともあるので、整理しながら言語化していきましょう。

経営者が感じる不安の原因は、主に次の3つです。

①他人の心の中

②起こっていない未来

③見えたこと、見るべきことから目をそらす

仕事をしている中で、不安がないというのは稀なことかもしれませんが、実はその不安は簡単になくすことができるのです。経営者自身も社員も悩んでいることは、きっとこの3つのうちのどれかが原因だと思います。

A：若手の営業社員

初めて一人でお客様のところに行く時に、自分の会社やサービスをどうやって説明すればいいのか、不安を感じています。「会話が弾まなかったらどうしよう」「分からない質問をされたらどうしよう」……など。

B：新規事業を任されたメンバー

新しい商品を輸入して販売するにあたり、様々な不安を感じています。「その商品に欠陥があったらどうしよう」「クレームはどんなものが考えられるだろうか」「そのクレームが遠方の場合、すぐに対応できなかったどうしよう」……など。

C：経営者

今期の売上の見通しがつかず、不安を感じている。「利益が本当に出るだろうか」「社員への賞与は払えるだろうか」……など。

A、B、C、それぞれのポジションの人が、それぞれのレベルで不安を感じています。実はこれ、新入社員時代、五常での新規事業の初期段階、経営者としてがむしゃらに頑張っている時に、全て私が感じてきた不安です。皆さんも、同じような経験はありませんか。

どんなポジションでも、新しい環境でチャレンジするような時には、不安はつきものです。この見えない不安を解消する方法は、「見るべきものと、見なくていいものをはっきりさせる」ことです。そして、自分は見なくていいものに不安を感じ、見るべきものを見ないで不安を感じているのだと自覚することが、最初の一歩です。

これらの不安に対して、具体的にアドバイスをしてみましょう。

まずは、Aの新入社員時代の私です。

自社のサービスを説明しても、相手に理解してもらえなかったらどうしようと不安を感じています。まさしく、他人の心の中を見ようとしています。お客様が現在、自社のサービスのどこに興味があるのかなど、いくら想像しても分かりません。もしかすると、お客様は関心を持っていないことだってあるのです。

ある程度のお客様の反応は想定しておきますが、他人の心の中を見ようとしても、キリがありません。だったら、会ってすぐに最初から、どんなことに興味があるのか質問して聞けばいいのです。答えられない質問をされたら、答えは持ち帰って宿題にすればいいのです。あまり興味がなさそうなら、すぐに帰ってくればいい。

簡単ですね。相手の心の中を想像する、見えないものを見て感じる不安は、見なければいいのです。早く行って、早く問題を聞き出し、早く帰って、早く回答しましょう。

次にBの新規事業担当者の頃の私です。欠陥があったらどうしようと思うなら、製造工場に出荷前の品質チェックシートを出してもらい、見えるようにしたらいいのです。どんな品質チェックをするのか見るべきものを見ずに、不安を感じているのは間違っていま す。納得のいく品質チェックの見える化ができた以上、それを信じるしかないのです。

クレームも来た時に考えればいいでしょう。不安だから動かないのではなく、動くことで具体的なクレームが見えるようになるのです。北海道でも沖縄でも、クレームが来た時にできる対応をすればいいのです。今の時代ならば、リモートでも対応できます。起こってもいない未来に不安を感じるのではなく、起こってから考えればいいのです。

最後にCの経営者としての私です。立案した経営計画にのっとって社員が行動計画を立てたのであれば、それを信じるしかありません。目標を明確に立てずに、漠然と不安を感じるだけでは、経営者として失格です。見るべきものを見えるようにしないのは、経営者としてやるべきことをやっていないだけです。会社として必要な、営業利益、社員給与・賞与も固定費に、それを補塡する最低の粗利、といった必要な経営数値は、常に見えるようにしておきます。そして、粗利率を読んで目標売上を算出。どの数字を見るべきなのかは、経営者それぞれが決めることです。経営者が見えないものに不安を感じていたなら、社員が安心できるはずはありません。将来の売上に不安があるのなら、安心・納得できるまで、新しいことにチャレンジしましょう。

もう一つ補足として、見えたコト（起こった問題）には、すぐに対処するようにします。資金がショートしそうなら、今すぐにでも資金の確保をすると思います。社員が困っている状況が見えたのならそれに向き合って、解決の糸口を本人が見つけられるまで寄り添ってもいいと思います。

経営者も社員も、常に不安を感じています。でもその不安の大半は、見えないコトを見ようとしているか、見るべきコトをしっかり見てないのではないでしょうか。「見えないものを見ようとして、望遠鏡を担いでない？（笑）」、五常ではよくこの言葉を口にします。

正解のないことをやっているので、はじめの一歩は誰でも不安です。でも、見えないものに不安を感じてその一歩を踏み出さないでいては、結果は生まれません。見るべきものを見て、安心して正しく怖がるようにしましょう。考えてばかりではいけません。考えたとおりの結果にならなくても、実行したとおりに結果は生まれるのですから、それから考えましょう。見えないものを見ない、不安を捨てる。皆さんはどうお考えになるでしょうか。

言語化19　「業務」を捨てる

ここでは、自身の業務を捨てる（誰かに引き継ぐ）ということを考えていきます。もちろん日々の業務を引き継ぐという意味で、経営権を引き渡すというレベルまでは求めていません。まずは、今の経営者やリーダーがやっている業務を引き継ぐことを目指したいです。その理由は、たとえ微増でもいいから、日々会社が成長する必要があるからです。そうでなければ問題が出てきます。

なぜ、成長し続ける必要があるのでしょうか？　経営は、下りエスカレーターを上るようなものと、よくたとえられます。足を止めていては、必ず下がっていくのです。業績が毎年2％の微減なら、10年後には約80％の減退になります。業績が毎年2％の微増なら、10年後には約120％の成長になります。この差は40％です。この差を取り戻すのは簡単なことではありません。五常ではこの10年でM&Aを除いて、毎年平均123％増、10年後の現在は約800％です。成長し続けることは大切です。

そのためには、経営者が今やっている業務を、誰かに引き継ぎ続ける必要があります。

中小企業は特にこれが大切なのです。それは、次の人のポジションをつくるためでもあります。次の第7章で詳しくその引き継ぎ方については記しますが、簡単に言うと、同じ人が10年間部長やマネージャーでいたら、上のポジションを目指す次の世代が育たないでしょう。有能な若手社員が10年も平社員なら、新たに次のステージを求めて転職するということは、容易に考えられます。

社員の成長のために、最初に経営者やリーダーがやるべきこととして、どんなことがあるでしょうか？

人材育成に関してもたくさん悩みがあると思います。「もっとみんなに成長してほしいな」「本を読んでほしいな」「自分で考えてみてほしいな」「行動してほしいな」……などこんなふうに考えている方も、少なくないかもしれません。ここで、研修を企画して受けてもらったり、具体的に指示をしてやらせてみたり、ダメなところを指摘するのも一つの手ではあります。ですが、こういった方法ではこの課題の根本が解決できず、ことあるごとに経営者が言い続けないとダメだと思います。

その理由は、相手に矢印を向けているからです。できないのは社員のせいだと決めている、そんなことはないでしょうか。

先日、ある食品会社さんの視察を行った時の、経営者の方のこんな発言が記憶に残っています。

「生産性が上がらない」「社員が頑張らない、成長しない」……。

同社は、飲食店や食品工場向けに野菜の加工をしている会社です。一度に500本の大根を5人で加工する作業では、皮をピーラーで剥き、葉と根っこを落として、8等分くらいに輪切りにしていきます。スタッフの方々は、無心で一生懸命に作業をされています。

500本が全部終わった後に、「今日、あなたは何本加工できましたか？」と質問してみました。すると、「みんなで500本というのは分かるのですが、一人ずつは分かりません」という回答でした。5人でやった時の大体の時間は把握できているのですが、Aさんは1時間で50本、Bさんは35本加工できるというような、個々の能力は分からないのです。

ここに大きな問題があるのですが、皆さんは分かりますか。その問題を3つに分けて、説明します。

①自分の作業スピードが分からず、目標を持てない

5人での作業スピードしか把握できない状態だと、各々の作業本数が分からないままになります。一人ずつ、1時間当たりの作業本数が分かるようになることで、Aさんは1時間50本の実力をどうやって55本にするのかを考え、自身のやり方を見つめ直し課題を探せます。Bさんは、Aさんを見て自分と何が違うのか考えます。Aさんはさらに記録を伸ばす、Bさんは Aさんを目指して、各々が新しい目標を持って、頑張って取り組めるようになります。

②今以上に成長する仕組みがない

個々の能力を測定しないと、自分の実力が分からず、その次の一段高い目標を持つことができません。結果を振り返ってどう変化したのかが分からないということは、社員が成長しないのではなく、成長する仕組み自体がないということです。BさんはどうすればAさんに近づけるのかを考え、AさんはBさんにアドバイスをしてあげることができれば、Aさんの成長にもつながります。

③不平等を感じるようになり不満が出る

こういう組織では必ず、次のような見えない不満が生まれてきます。私は、明らかにあ

なたより作業しているのに、給料は同じ。頑張っても評価されないなら、頑張るのはバカらしい。ちゃんと自分の能力を評価してくれるところに転職を考えようかと、Aさんのような優秀な人が不満を抱くのです。

これまでは、一日の勤務時間中、黙々と野菜を加工していればよい、というのがその会社の仕組みでした。頑張っても、頑張らなくても一日は終わる。業務は単調になり、考えない人は、誰かにしわ寄せがいっていることに気が付くこともありません。一方で考える人は、自分だけ頑張っているという不満を抱きます。

そのような会社と、一人ひとりが成長を感じ、仕事を早く終わらせて、ゆっくりする時間をつくったり、何か新しいことに挑戦したりする時間を創出できる会社――どちらの会社の社員のほうが生き生きと活躍できるでしょうか。もちろん後者でしょう。

物事がうまく進まない時、どうしてもその原因を外に求めがちです。それが「矢印を相手に向ける」ということです。今回のように、経営者が自分ではなく社員に矢印を向けていては、いつまで経っても根本は変わりません。「生産性が上がらない」「社員が頑張らない、成長しない」という原因はどこにあるのかを、経営者自身が自分に矢印を向けて、その原因は自分がつくり出していることに気が付かなければなりません。

責任の所在とかそういうことではなく、「自分に何ができるのか」「自分がどう変わるか」を考えて行動に移すことで、必ずその結果が相手（＝社員）の行動の変化につながるのです。一言で表すと、「相手を変えたいなら、まずは自分が変わる」ことです。

生産性を上げたいのであれば、一人につき10分当たり何本加工できるか見える化する仕組みを作るだけで解決できます。

①まずは個々の能力を把握する＝現状把握
②次の目標を決める＝何をするかを決める
③成長＝結果を振り返る

社員と向き合って、社員の成長を経営者の喜びにすれば、生産性の向上につながるのです。少なくとも、五常ではそのように行っています。

総括すると、社員の成長のためには経営者自身が変わらなくてはならないのです。

自分に矢印を向けるという言語化は、大学を卒業してすぐに入社したａｍ／ｐｍ（エーエム・ピーエム）というコンビニで仕事をしていたときに、株式会社レインズインターナショナルの創業者である西山知義《にしやまともよし》氏から教えられた言葉です。この言語には本当にたくさん、考えるきっかけをもらいました。

ａｍ／ｐｍの初代の代表・秋沢志篤《あきざわゆきあつ》氏もおっしゃっていた、「過去と他人は変えられない、未来と自分は変えられる」という言語にもつながります。要するに、相手を変えたいなら、自分が変わりなさいという考え方です。それが、自分に矢印を向けるということです。

私自身も考え、悩み、そして考えて、自分の行動や言動が変わっていくと、周りの人の行動や言動が明らかに変化していくのを目の当たりにするようになりました。

人は変化を嫌います。自分自身の意見を変えたり、考えを曲げるのも苦労します。それでもまずは自分に矢印を向け、自分が変わる――これが相手を変える一番の近道だと思います。

商品を売ろう、売ろうとしていた時は、なかなかお客様（他人）に買ってもらえず、会ってくれることすら叶いませんでした。「売りたい」という気持ちだけが前に出てしまい、それが相手にも伝わってしまったのでしょう。

だから、問い、考え続けました。私が、働いていて一番うれしいのはどんな時か？　それは、人から「ありがとう」という言葉をいただけた時。「ありがとう」をいただける時は、誰かのお役に立てた時……。だから、商品を売るのをやめて、お客様の悩みに向き合うことだけを真剣に始めたら、たくさんのお客様が相談してくれるようになったのです。その結果、ありがとうと一緒に、お金をいただけるようになりました。売れなかった時は、商品が悪いとか、お客様が悪いなど、矢印を相手に向けていました。でも、自分に何ができるのかと矢印を自分に向けたら、物事が変わっていきました。

当社で採用面接を行う時、自分の考えを相手に一方的にぶつけ、なんとか共感してほしいと思っていたことがありました。自分の意見に賛同させ、相手を変えようとしていたのです。この時は、あまり相手に響きませんでした。そこで、相手の考えを引き出すために、たくさんの質問をすることにしました。それでも、思ったように相手の考えを引き出すことができませんでした。相手が話下手なのだと思っていましたが、社員から私の質問自体が悪いことを指摘され、変えてみることにしました。

「はい、いいえ」で、終わる質問ではなく、あなたならどうしますか？　あなたならどう考えますか？　という問いに変えてみたのです。すると、相手の考えがわかるようになり、今度はその事例に合わせて、自身の体験を語って伝えるようにしました。そうすることでお互いに共感できる場ができ、相手の本当の考えを引き出せるようになったのです。

みんながなかなか挨拶をしてくれないことに悩んでいた時には、私から120％のテンションの笑顔で、元気に挨拶し続けました。最初は引いていた人も、そのうち自然と挨拶をしてくれるようになりました。自分が悪かったのです。

私はセミナーで登壇した最初の頃、いい話をして相手の気持ちを変えてやりたいと思っていた節がありました。終わった後、やりきった自分が一番スッキリしていましたが、受講していた人たちは実際どう思っていたのか分からず、会場はずっと静かでした。

今では、相手のことを思い浮かべてセミナーの内容を構成し、たくさん質問をして相手の話を聞くようになりました。その回答をどんどん掘り下げて、私自身もたくさんの気付きをいただけています。受講している皆さんの表情も明るく、「明日からやってみよう」という声もいただけるようになり、良かったという感想をいただけるのが何よりうれしいです。

「自分に矢印を向ける」――このように、考え続けるほうがきっと、幸せになれるような気がします。こういう言葉に出合えたことが、私の人生の宝になっているとまで感じます。

こんなに事例を出したのに、この言葉を正しく理解できないのなら、それはあなたが悪い。おっと、そうではなく、もっと分かりやすい事例があれば、より理解してもらえるようになるはずだ。何かいい事例はないだろうか（笑）、と自分に矢印を向けるのです。皆さんはどうお考えになるでしょうか。

第7章
「組織体制」を言語化する

五常に入社して2023年6月で12年が経ちました。この12年間、継続して取り組んだことの一つが「システム経営®」（2016年に当社にて商標登録済み）です。

これは、中小企業家同友会の青年部の「システム経営勉強会」で2013～2014年に私が形にしたメソッドです。

業務に追われ、会社を留守にできず、次の一手も進められずに困っている——そんな青年経営者のためにつくりました。今でも、これを基に毎年青年経営者が学んでいるそうです。言語化された仕組みは、人を通して継承され続けています。

五常に入社した頃は、現在の経営の仕組みとは正反対の状態でした。社長は全ての現場調査、見積もり作成及び顧客対応、社員のスケジュール調整をして……といった具合に、社長がいなくては会社が回らない状況でした。もちろん、給与や請求書の支払いも社長がやって、保険や税金、現金精算や銀行対応など、社長の業務は多岐にわたっていました。

そのため、勉強会で泊まりの合宿に行こうものなら、この仕事は誰にお願いして、電話は転送してもらい……というように留守にするのが本当に大変な状況でした。

それでも当社は、現場で作業する社員と事務所で業務をする社長と、業務分担が一歩進んでいたほうだったのかもしれません。

創業時の経営者の多くは、たくさんの業務を兼務しています。昼間は現場をこなしながら、電話で次の仕事の段取りをして、夕方事務所に戻って夜遅くまで書類作成をする。そして週末に溜まった事務作業を行い、なんとか毎日を乗りきるのです。業務に追われると、未来をつくるといった社長としての本当の仕事ができません。

日本代表が活躍するスポーツは大変人気があります。サッカー・野球・ラグビー・バスケットボールなど、日本代表の活躍に興奮する人も多いと思いますが、チームが優勝できるか・できないかは、監督の采配にかかっているのは言うまでもありません。格上の強豪相手に勝利をつかみ取るには、選手のみならず、監督の功績が大切なことをみんなが知っています。

監督は会社で言うところの経営者のような存在ですが、監督がコートやピッチを走り回らなくても、誰もそれを咎《とが》めません。

ところが、会社経営となるとどうでしょうか。経営者・リーダーの中には、チームの誰よりも自らが走り回らなければならない、と思っている人もいます。そして、社員と同じ業務をこなしつつ、バックオフィスの業務をこなし、走り回っている人もいます。

そんなチームでは、社長が現場に来なくなるとこんな不満が出てきます。

「うちの社長、最近全然現場仕事をやらないよな、俺たちばかりこき使って」と。

こういうチームは、人に恵まれていないのではなく、社員が経営者・リーダーに恵まれていないのだと、自分に矢印を向けて認識しなくてはなりません。

ワールドカップの代表チームの監督の役割と同様に、社長の役割を明確に定義していきます。社長がいなくても事業が回る仕組み「システム経営®」を構築すれば、経営は驚くほど成長します。その定義の流れは、ざっくり以下のようになります。

①社長業（リーダー業）を定義する
②会社の組織図（役割の明確化）を作る
③権限移譲を実行する
④経営理念（部署のビジョン）を明確にする

大きな組織でも小さな組織でも、基本的にこの流れは同じです。今、このメソッドを振り返ると、まさに経営の言語化そのものです。感覚では事業は承継できない。だから言葉に落とし込み、役割分担をして、会社の方向性を示して、引き継いでいく。本章では、この内容の一部を、五常の事業の引き継ぎの実践例を基にご紹介します。

言語化20 社長業とは？

社長業（リーダーの役割）とは何でしょうか？　ぜひご自身で、まずは言語化してみてください。この問いかけは、会社の規模、ステージによって具体的な内容は変化しますが、根本は同じです。また、部長業、マネージャー業といった各役職でも、考え方は同じだと思います。

社長業の定義はなかなか難しいと思います。それこそ、正解がないからでしょう。だから決めることが大切です。今のベストの答えを出し、とりあえず行動してみて、さらにベストの答えを探し続けるのです。

ここでは、私が勉強会の中で、経営者と一緒に考えた社長業の定義を基に、少しだけブラッシュアップしたものを記します。10年以上経っても、根本はやっぱり変わっていないように思います。ぜひ参考にしてください。もちろん、皆さんがベストだと思う答えがこれと異なっていたとしても、それを信じて進んでほしいと思います。

(1)理念・ビジョンを明確化する（方向性）

(2)組織づくりの責任（最適な組織構成と生産性）
(3)経営数値への責任（利益にコミット）
(4)社会的役割の責任（仕事の意味を体現する）
(5)自らの学びと感性を磨く（読む・問う・つなぐ力の醸成）

いかがでしょうか。皆さんの考える社長業の定義と比較して、どのような違いがあったでしょうか。初めて、社長業とは何かについて考えた方もいると思いますが、その答えを自分で導く方法があります。その具体的な方法については、言語化21の「会社の組織図をつくる」で紹介しますが、その前に、ここで定義した社長業について触れておきます。

社長業❶ 理念・ビジョンを明確化する（方向性）

理念は、その会社で働く全ての人にとって判断基準となるものです。「悩み解消」という五常の経営理念では、物を作るときに「誰の悩みに向き合うものか」ということを常に考えています。そのため、流行《はや》りの商品を売るだけのことはしません。また、その悩みに向き合うことで、世の中の新たな課題を発見し、それを解消し続けることを考えます。

そして、「仲良く　正しく　幸せに」という企業理念では、社会的に正しいかどうかが判断基準で、たとえ社長がいいと言っても、社員が間違っている、正しくないと判断すれば、当然のように否定します。また、人の幸せにつながらないような仕事は、すぐに辞めていいと、社員が常に判断するためのよりどころとなっています。

理念・ビジョンを明確にする上でもう一つ重要なのが、社会や顧客との約束を意味する、何を行う会社なのかを明確にするということです。

近年、「安さ＝価値」という価値観は、日本の経済にあまりいい影響を与えていないことが指摘されています。「いいものをより安く」という理念（ダイエー）は、消費者にとっては一見ありがたい約束ですが、儚《はかな》く散っていきました。誰かのために役に立つことで、適正な対価をもらえるはずなのです。ちょっと脱線しましたが、それだけ理念というものは大きな影響を与えるのだと思います。

大切なのは、自分たちがどこに向かうのか、顧客にどんな約束をするのか、どんな社会課題に向き合うのかを明確にすることです。そういったメッセージが人々の共感を生み、そういう企業に人が集まるのです。まだ規模が小さくとも、そこで働く社員一人ひとりが自分事になれるような理念・ビジョンを示さなくては、どこにでもある企業の一つになってしまいます。関わる人を幸せにするこの技術で世界を救いたいと頑張る会社には人が集まり、収益も上げられるでしょう。理念・ビジョンの明確化は、社長業で最も重要な業務なのです。

五常でも、たくさんの「ありがとう」が集まるのは、悩み解消という理念があるからです。社員みんなが胸を張って仕事をしています。次に目指すビジョンを考え続けることが、私の一番大切な仕事です。

社長業❷　組織づくりの責任（最適な組織構成と生産性）

理念・ビジョンの実現のために、誰かが犠牲になってはいけません。顧客、パートナー、自社（社員）、その全ての人にとって、有益な会社であることが求められます。まずは自社の社員が楽しく、同じ収益を上げるなら少しでも楽ができることを追求していくことが大切です。生産性が向上すれば、社員はたくさんの自分の時間をつくることができ、仕事とプライベートのメリハリがつけられるようになります。

最適な人員配置、社員一人ひとりの個性に合わせて力を発揮できる組織について、考え続ける必要があるのです。

このことについて、五常では武井部長が率先して考えて行動してくれています。結果は、どうなるかやってみないと分かりません。そこで出てくる問題を改善し続ければ、社員みんなの幸せにつながると信じています。誰がやってもいい、でも経営者が最後の責任を取る。組織づくりも経営者にとって、重要な社長業の一つです。

社長業3 経営数値への責任(利益にコミット)

「みんなで今年もすごく頑張ったね！ でも、利益は確保できなかったので、ボーナスはカットです」

これでは、経営者として失格です。経営者は、毎年の経営数値（売上・利益・固定費）の計画を立てなくてはなりません。五常はこれまで毎年、新しい商品の販売や新しい事業の立ち上げを繰り返してきたため、綿密な計画を立てなくても業績は向上し、待遇面を改善し続けることができました。

一方で、その改善の裏では、社員一人ひとりの頑張りに頼り、時には無理を強いてきたのも事実です。だから、そうならないように無理のない経営計画を立て、社員はそれを踏まえて業務に専念していけばいいようにしなければなりません。1年後、それで利益が残らなかったのであれば、それは経営者の責任以外に他なりません。逆に経営計画を超える利益が出たら、それは経営者の読みが甘かったと自分に矢印を向けたいと思います。これも重要な社長業です。

社長業4 社会的役割の責任（仕事の意味を体現する）

まずは雇用を確保すること、たくさんの税金を払うことです。これも立派な社会的役割でしょう。給与の支払いに伴う所得税を納めるのも、重要な社会的役割ですね。

パートナー企業と協業して、たくさんの仕事をこなすことは、パートナー企業の業績や雇用にもつながっています。自分たちが頑張ることで、たくさんの人に影響を与えることができます。そして、私たちの活動から生まれるものは、巡り巡って地域に還元されるのです。それは私たちに課せられる〝責任〟なのかもしれません。自分たちの仕事に、尊い意味を見出せるかもしれません。

「企業は人なり」。事業活動は、社員一人ひとりのおかげです。このように、私たちは仕事を通じて、見えない感謝をたくさんいただいています。日々頑張っている社員にそれが届いていないのであれば、言語化して伝えてあげることも経営者にとって重要な役割です。

そこから、その仕事の意味を見出せると思います。

感謝の声は、どうしても最前線で頑張っている人に集まりがちです。だからこそ、バックオフィスで頑張っている社員の仕事が会社の中でどんなに重要なことなのか、またその仕事が社会全体にどのようにつながっているのか、見出せるかもしれません。

経理とは、「会計の入力作業や、請求書の送付を仕事」と言語化してしまえばそれまでです。経営の判断基準に重要な数字を任せるのであれば、そこで働く意味や意義が変わってくるでしょう。総務のことを雑用と言語化する経営者もいます。社員が安心して、それぞれの活動に専念できる環境づくりを担ってくれていたり、その環境改善自体も任せるのであれば、仕事の意味は大きく変わってくるのです。

社長業5 自らの学びと感性を磨く（読む・問う・つなぐ力の醸成）

まずは、経営者が成長せずして社員の成長はありえません。経営者が、一つ上の視座を持つことで、初めて社員の成長に気付くことができるのでしょう。だから私たち経営者は学び続けることが大切です。

一つのことに執着することも大切ですが、様々なものから気付きを得られる感性も重要です。執着するということは、一つのことを深く理解すること。物事の真理に近づけば近づくほど、その根本はつながっていくのです。様々なことにアンテナを張り、それがどことつながっているのかを見出すことができれば、どんなことからも気付きが得られるようになります。

これも、「スモールサン」の山口先生の言語化ですが、「読む力・問う力・つなぐ力」が、経営者にとって必要な3つの力であり、大切な学びの本質と考えます。世の中を読み、時流をつかむ。このままで本当にいいのか、自身に問う。そして中小企業の小さな力も、たくさんの専門業とつながれば、大きな課題に立ち向かえる。経営者が学び続けること、これも重要な社長業の一つなのです。

いかがでしたか。社長業（リーダーの役割）とは何か。この言語化も正解はありません。ぜひ、皆さんも社長業とは何か、探し続けてみてください。

言語化21 会社の組織図を作る

ここでは「システム経営勉強会」のコンテンツの一つ、組織図を作るというワークについて、簡単にご紹介いたします。

組織図は、社内の役割分担を明確にし、将来こんなふうに業務分担をしていくという、経営者の考えを言語化して社員に伝える際に役立ちます。また、誰に業務が偏っているかも見えるようになるため、現状把握にも活用できます。会社に組織図がない方はもちろん、グループの役割分担を進めたい方や、部署内の業務の現状把握にも活用できるので、ぜひ参考にしてください。

組織図の作り方には様々な方法があると思いますが、先にも述べた現状把握をベースに行うと、とても簡単です。すなわち、経営者が業務全般をやっているなら経営者だけで、社員と業務分担ができているなら経営者と社員の業務を全て集めて、見える化をしていくだけでできます。

用意するものは、付箋と、Ａ３用紙です。ここでは、ＫＪ法（文化人類学者の川喜田二郎《かわきたじろう》氏考案）という手法を用います。一般的にＫＪ法は自身の頭の中のアイデアを見えるようにするための手法で、考えを付箋に１枚ずつどんどん書き出し、それをグループ化していくというものです。社内のアイデア出し、意見出しに役に立ちます。詳しくは、ＫＪ法を検索してお役立てください。

今回はその手法を、組織図に応用します。経営者や社員それぞれが行っている業務を全て書き出し、それを業務内容ごとにグループ化します。そのグループ一つひとつが、営業部、総務・経理部といった部署になっていきます。では、社内の部署業務組織図づくりを見てみましょう。

工程1：現在の業務を全て書き出す

まず、皆さんが行っている業務を細かいものも含めて全て書き出してみましょう。付箋1枚に1業務として、図表1を参考に書き出してみて

図表1 現状の業務一覧

				入社対応
			経営会議	採用活動
セミナー・勉強会	顧客対応	ホームページ	営業会議	会計業務
商工○○会	現地調査	営業活動	車輌管理・車検	資金調達
経営者飲み会	工程管理	見積作成	給与業務	銀行振込
経営計画策定	材料発注	商談	請求業務	備品購入
視察（国内・海外）	現場立ち合い	新規事業	労務関係業務	未来の組織を考える
	発注	新商品開発	決済業務	PR・リリース

ください。これは業務かなと迷ったものも、気にせずにどんどん書いてみましょう。

付箋に書き出す時、実際に体を動かす業務と、考える業務を意識して書き出すといいと思います。どうしても体を動かす業務に意識が向きがちですが、ルール作りや経営者として担っている責任も重要な業務です。ぜひ、考える業務にも意識を向けてみてください。

イメージですが、皆さんもこんな感じで書かれているのではないでしょうか。

図表2　社長業・一般業務に仕分け

社長業務

セミナー・勉強会
商工〇〇会
経営者飲み会
経営計画策定
視察（国内・海外）
経営会議
未来の組織を考える

一般業務

現地調査	営業活動	給与業務	採用活動
工程管理	顧客対応	請求業務	入社対応
材料発注	見積作成	決済業務	備品購入
現場立ち合い	商談	資金調達	車輌管理・車検
発注	新規事業	銀行振込	労務関係業務
	新商品開発	会計業務	ホームページ
	営業会議		PR・リリース

工程2：付箋を社長業と、一般業務に分ける

この工程が大切です。工程1で書き出した業務を、図表2を参考に社長業と一般業務に分けます。この時、社長でなくてもできる仕事は、一般業務にすることを意識してください。そして、考える業務も、これは社員に任せたいと思うことがあれば、一般業務に分けることを意識しましょう。またこの時点で、業務内容で近いものをグループ化してみましょう。

いかがでしょうか、自分は社長業がほとんどないなと感じたり、その反対の方もいるかもしれません。基本的に社長業なんて20～30枚の付箋を書いても、その1、2割程度なのです。これはリーダー業も同じです。大半の方がプレイングマネージャーとして活躍していると思います。

私は、この社長業の内容を基に、言語化20の社長業(1)～(5)を定義したのです。

ぜひ、皆さんが書き出した社長業の付箋を、さらに社長業(1)～(5)に振り分けてみてください。振り分けられなくても気にせず、この機会に社長業(1)～(5)について、今、自分ができていること、これからやらなくてはと考えていることを、書き出しておきましょう。

工程3：一般業務をグループ化して組織図を作る

　ここまで来ると、あとは簡単な作業です。一般業務を業務内容別（部署別）に、図表3のようにグループ分けしてみましょう。

　分けていくと営業の業務、工事の業務、総務・経理の業務といった感じになると思います。これを集約すると簡単に組織図ができるのです。

　このように社長業を明確化し、組織図を作ってみて、皆さんはどんな感想をお持ちですか？　一つは、自分は全然社長業ができていないなとか、組織の中で自分の役割が多岐に

図表3　組織図（例）

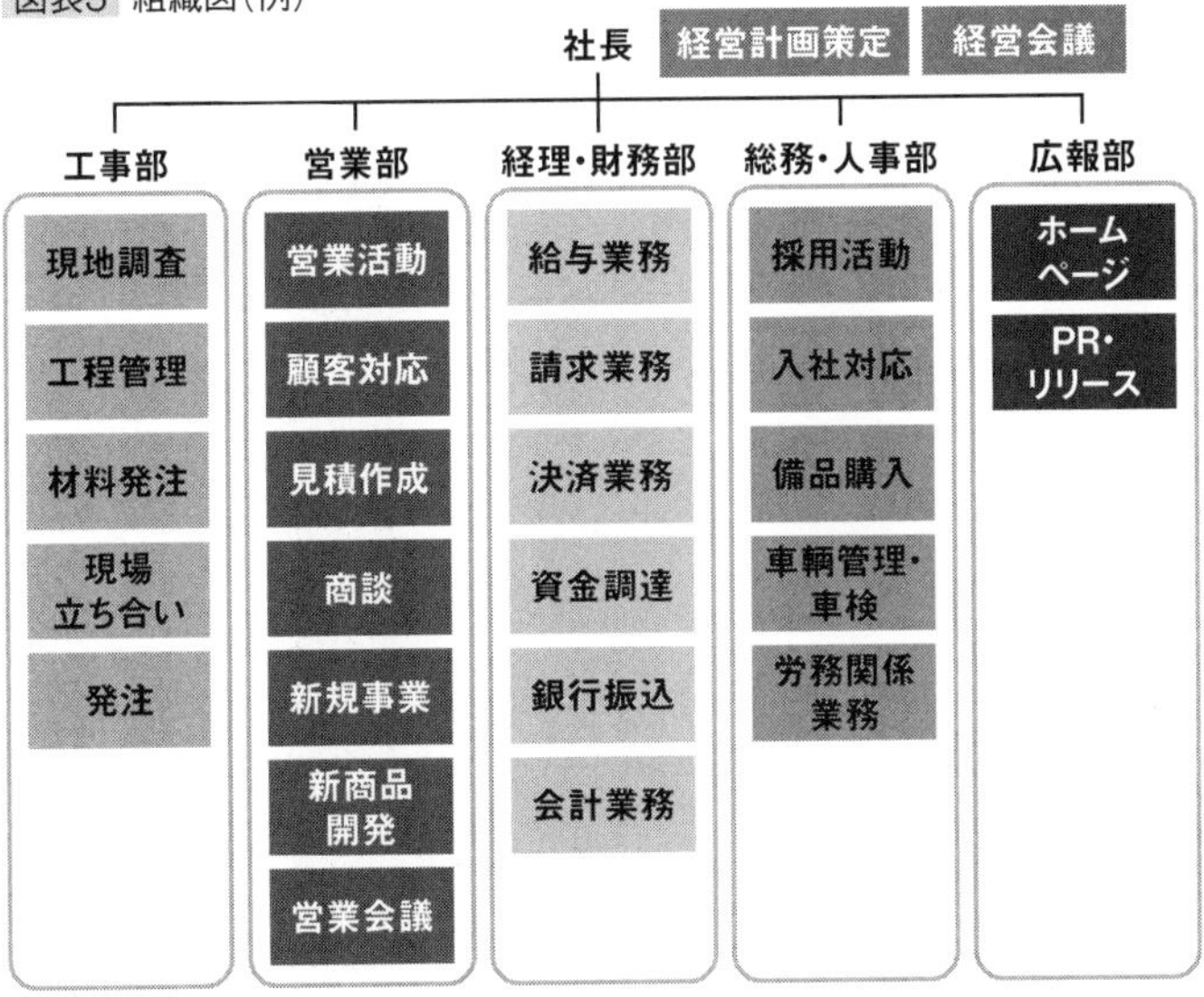

わたっているなとか、頑張っているななど（笑）。立ち上がったばかりのチームや、小さな組織は、兼務が多いのです。代表取締役社長兼営業部部長兼経理部部長兼総務部メンバー兼工事部部長……といったように、名刺が肩書きでいっぱいになりそうです。

組織図なんてまだないよ、という会社もあるかもしれませんが、でもこの作業がこのあとの権限移譲につながってくるのです。会社の組織の形を言語化し、どの業務を誰がやっていくのかを明確にします。次の工程に進んでみましょう。

言語化22 権限移譲し続ける

次の工程は、「権限移譲」です。ここでは、「権限移譲し続ける」という言葉をあえて使ってみました。それは、企業の成長において、権限移譲が非常に重要だからです。これを続けることが、会社の成長、社員の成長につながるのです。言い換えると、社長の仕事は、自分の仕事を捨て続けること。その上で新しいことをやり続けること、私は五常で常にそのように行ってきました。

ちなみに、権限移譲とは別に、「権限委譲」という表現があります。一文字違いですが、簡単に言うと、権限委譲は上司から部下へ権限を部分的に渡すことです。一方の権限移譲とは対等な立場の第三者に権限を全て渡すということです。私は最終的な責任は経営者が負うとはいえ、任せる以上はそのやり方を含め権限も全て渡したいという思いから、権限移譲という言葉を使っています。

権限移譲によるメリットは大きく分けると3つです。1つ目は組織の効率が上がり、社長をはじめ、所属メンバーが楽になります。そして2つ目は、メンバーの成長を感じることができるようになります。3つ目はその結果、それぞれのメンバーのモチベーションが上がるというものです。

反対に、なんでも自分でやってしまう経営者やリーダーは、社員のやる気を削ぎ、成長を止め、誰も楽にならないとも言えます。ここでは、2つの権限移譲の進め方をご紹介しておきます。

1つ目は、先に作った組織図を基に、その中の業務内容を誰に引き継ぐのかを考えることです。今やっている社長の業務を、難易度の低いところからでいいので社員やメンバーに渡していくようにします。

任せられそうな社員に対して「この部署を任せたいんだ」と、真正面から相談するといいかもしれません。最初は、拒否反応を示す人もいるでしょうが、そんな時は会社のこれからのビジョンを語り、力を貸してほしいと説明することが大切です。経営者がそのように覚悟した時に、同じ方向性を見られないのであれば、その社員が目指す方向性と結びつける必要もあるかもしれません。それでも難しい場合かつ、重要な局面であれば、その場を離脱してもらうくらいの覚悟も必要です。

五常でも昔は新しいことの連続で、ついてこられないメンバーもいました。その時も、膝を突き合わせて考えを聞き、最終的には考えを変えるか、それとも退職するかのいずれかを選択してもらったこともあります。

これは、決して相手が憎いとか、嫌いだとかそういうことではなく、お互いの幸せを考えた上での理念に基づく判断でした。それでも社員が辞めていくのは本当につらいものです。大手企業なら、部署の変更などの選択肢もありますが、中小企業はどうしてもその選択肢が少ないため、経営者として申し訳ない気持ちもありました。

中にはもちろん、自らやってみたいという意思を示してくれる人もいるでしょう。本当にありがたい存在です。だからといって、それに甘えてばかりではいけません。権限移譲は任せる人に合わせて、レベルを考慮する必要があるので注意が必要です。

昔、まだDガールズがパートとして雇用契約を結んでいた頃です。お客様のところに電話をして、買取価格の交渉を任せようとした時に「パート社員はどこまでやらなくてはならないのか」と言われ、ハッとした覚えがあります。だからこそ権限移譲は慎重に、社員と向き合って話を進めることも必要なのです。

2つ目は、社員にも同じように全部の業務を付箋に書き出してもらい、一緒に組織図を作ってみるという方法です。社員にとっては、部署内の仕事単位になるかもしれませんが、社長の考えた組織図の付箋と比較して、差がないかを確認するといいのです。もし大きな差がある場合でも、社長自身が今やっていることを理解してもらい、1つ目と同様にどの部分を任せていきたいのかを共有してもらいます。先が見えていれば、次にどんなことをやるのかもイメージができるため、権限移譲に唐突感がなくなり、受け入れやすくなるのです。また、組織図を社員と一緒に作ることで、部署内に新たなメンバーを迎え入れる時、その部署ではどんな仕事をしているのか全体を見せることもできます。新メンバーにどの業務を任せるのか計画が立てやすくなり、通常業務と新メンバーの教育を同時進行する際にも、整理して業務を進めることができるようになります。

五常では、新しい人を迎える時は必ずこの作業を行い、迎え入れる全員で全体感を理解するようにしています。そして、この業務は誰が教えるのか、計画を立てているのです。

最後に、権限移譲の注意点をまとめておきます。

権限移譲する時はその責任の所在をはっきりさせた上で、具体的な行動は一任することです。任せると決断した以上、担当者の能力を信じて任せ、言語化17で述べた自身の「答え（やり方）」を捨てることです。細かいことには口を出さず、出てきた結果に対しては意見をするのではなく、次はどうするのか考え続けてもらうように促します。私たち経営者もそうしてきたはずです。みんなが考え、行動し続けるという経験が、社員の成長にとって重要なことなのです。

五常で2018年から販売を開始した「スマイルファン」という大型シーリングファンは、初年度から大きな実績を残せました。私は、サービス全体の設計、仕組みづくりと、顧客の窓口対応に専念しました。受注以降の具体的な業務は、Dガールズに営業の事務作業や輸入・在庫管理の仕組みを任せ、製品の管理は物流部に、設置工事は社内の工事部に一任する分業体制を敷くことができました。そのお陰で、初年度から1億円を超える売上を実現したのです。

ホームページの集客効果も上がり、事業として安定してきたことから、私はこの事業を社員の宇井さんに権限移譲することに決めました。元々は物流部員でしたが、この年度から営業職に就いてもらうことにしたのです。営業は未経験でしたが、物流業の担当者の方と気持ちのよいやり取りする姿や配送ドライバーさんへの心遣い、社員と連携する姿を見ていると、どこの部署でも活躍できると感じたため、任せることにしたのです。

半年も立たず、私の業務を全て引き継ぎ、今ではスマイルファンを通じて様々な企業連携などを担ってくれています。任せた以上、私自身はスマイルファンに関する業務は一切、行っていません。売上は、当初と比較して170%の成長を達成しています。

営業未経験の宇井さんが事業を引き継げた理由について、言語化してもらいました。

宇井さん本人による営業経験の言語化

私は営業経験もなく、商品知識もなかったため、スマイルファンを任された時には非常に不安でした。その一方で、営業ができるようになれば確実に成長するという気持ちや、「やってやろう」という気持ちもありました。

予期せぬトラブルや、判断に困ることは多々ありましたが、それを乗り越えるたびに大きく成長することができたように思います。良くも悪くも事業全体を任せてもらえたので、常に自分で考えて行動する必要がありました。

問題があった際の責任も自分にあるため、常に緊張感を持って取り組むことができました。自分で考えて行動を起こした分、うまくいった時の喜びも大きく、仕事のやりがいを大きく感じることができました。一方で、いざという時はすぐに相談することができたので安心感もありました。

最初のうちは、メールの文面といった小さなことも確認してもらい、ある程度経験を積んだ後は考え方についてもアドバイスをもらえたことで、一人で悩んで潰れるというようなこともなく取り組めました。

経験したことがないばかりか、自分の能力以上のことを任され、初めは不安もありましたが、自分のやりたいことは考えが伴っていれば実行できる状況にあり、自由と責任の両方がある中で取り組むことができました。いざという時にも相談できる環境があったからこそ、営業として成長できたのだと実感しています。

最初はメールの書き方から付き添いました。まずは自分で書いてもらい、その文章で気になる部分については、どうしてそのような書き方をしたのか、彼の考え方を聞きました。その上で私の考え方を伝え、どちらのほうがお客様にうれしいと思ってもらえるのか共に考え、答えを一緒に探していったのです。

正解を教えるのではなく、正解を一緒に探すというスタンスが良かったのではないかと思っています。

もう一つ心がけていたのは、彼自身でベストの答えを見つけるまで、「待つ」ということです。言語化7で書きましたが、ベストの答えは行動と結果をもたらします。自分で考えた答えを形にするために行動を起こし、その上で結果が生まれます。そして結果を振り返ることで新しいベストの答えを探すきっかけになります。まさにPDCAですね。

宇井さんは、私に質問をする時には必ず自分の答えを持ってくるのですが、特に印象的だったエピソードがあります。

設置したファンが取付不良で異音がするという連絡がお客様からあった時のことです。この工事はパートナー企業が担当したため、通常ならば施工を行ったパートナー企業の費用負担でやり直してもらうのが正しい対応なのかもしれません。しかし、宇井さんは施工にかかる費用は全て当社で負担したいと私に提案してきました。取り引きが始まったばかりの企業にその責任を全て負わせるというのは、今後のことも考えてマイナスになると判断したのです。

そして、パートナー企業に異音のことや施工不良のことを相談すると、費用のことに触れることなく、その日の夕方にすぐに現場に駆けつけてくれて、その対応は非常に気持ちの良いものだったそうです。そういうパートナー企業は、五常にとって本当にありがたい存在です。今後も一緒に仕事をしたいと思ってもらいたいという、彼なりの判断でした。

結果、今では難しい案件の相談もできるような頼りがいのあるパートナー企業として、一緒に業務を盛り立ててくれています。そればかりか、そのパートナー企業自身の隣接異業種として、大型シーリングファンの販売代理店にもなってくれたのです。

これが、宇井さんなりのベストの答えであり、私たちが少ない人数でも事業を円滑に進めることができる結果につながっているのです。

もし、私があの時に宇井さんの答えを否定し、すぐにパートナー企業にクレームを入れて、費用は全部負担してもらうように指示を出していたら、今のような関係性は生まれなかったでしょう。権限移譲したからには、相手の能力を信じて一任することが非常に大切だと改めて考えさせられた一件でした。

社員が成長するためには、権限移譲し続けることが鍵となります。経営者やリーダーが、いつまでも自分のポジションに固執している組織では、会社全体の成長が止まることになると自覚しなくてはなりません。社員の成長＝経営者の成長となり、社員の成長＝経営者の喜びと、自分事にできる組織は伸び続けます。権限移譲をし続けることについて、皆さんはどうお考えになるでしょうか。

言語化23 理念の浸透・醸成の鍵

理念の意味については、言語化20の社長業(1)で述べました。

ここでは、よくセミナーなどでも質問をいただく、理念を社内で醸成・浸透させる方法について言語化してみたいと思います。

最近では、「理念教育」という言葉を耳にすることもあります。ニュアンスの問題かもしれませんが、理念を教育するという表現自体が、私はあまり好きではありません。ですが、理念を社内に醸成するのはとても重要なことです。同じ考え、価値観で行動できる、まさに企業の文化をつくることにつながります。

では、具体的にどうすれば実現できるのでしょうか？

「理念をつくったきりで終わってしまった」「壁に見えるように貼ったけれど、誰も覚えてくれない」とぼやいている経営者をよく見かけます。つくった本人も、正確に言えないような複雑なものもあるようです。これでは本末転倒です。みんなが覚えるように、毎朝の朝礼時に唱和しているという話を聞いたこともあります。唱和して覚えるだけでは、「仏作って魂入れず」の状態です。また、クレドのように小さな冊子にして、全社員に持たせているという経営者もいます。それでも、その冊子をなくされてしまい、がっかりしていることもあるようです。皆さん本当に苦労しています。

「理念を醸成する」「社内に浸透させる」「共通言語にする」ための方法は一つだけです。それは、理念を「体現」することです。体現するとは、実際の行動で表現することです。とても簡単ですからやってみましょう。

五常の経営理念は「悩み解消」です。ただ単純に、悩み解消に関する事例について考えて体現していけばいい――それだけのことです。

体現のやり方の一つに、質問を投げかけるという方法があります。

「五常の理念である『悩み解消』について、社内のエピソードを思い出し、隣の人とペアで話し合ってください。どうぞ」

たったこれだけで、体現できるようになります。ミーティングや朝礼時にやってみましょう。社員それぞれ、自分の身の回りで起きたことを思い出そうとするはずです。このような問いかけ、質問、聞くことが大変重要です。教える必要なんてありません。みんなの前での発表は恥ずかしくても、隣の人となら誰でも気軽に話せるので、ぜひやってみてください。

実際に、五常の朝礼時に、五常の理念を踏まえて自身にエピソードを考えてもらい、社員が発表した内容です。五常ではこういう時間を非常に大切にしています。ここでは、ご参考までにある日のやり取りを紹介します。

しょこたん：この前、お客様から通常の台車が欲しいと問い合わせが来て、みきさんが対応していました。みきさんがお客様の使用環境についてよく聞くと、シニアの方がたくさん働かれていることに気が付きました。その時、シニアの方には通常の台車では重く、動かすのが大変であることをお伝えすると、お客様がすごく納得されていました。そこで女性に喜ばれている、「天使のカゴ台車」をご提案し、ご購入に至りました。後日、お客様にお電話すると、現場の皆さんが楽になり喜ぶと同時に、作業が一層安全になったと喜ばれていました。お客様の見えない悩みを引き出してすごいと思いました。

実那さん：いつも、Dガールズの皆さんの、お客様の話を聞く姿を見てすごいなと思っていました。私も総務として、皆さんが働く上での悩み解消につながるよう、普段から皆さんの声を聞くようにしております。

五常では、社員みんなが感謝を伝えるような時間が生まれています。理念の悩み解消という言葉は、日々の会話で出てきます。最初は私も意識して、あえてそういう話をしたり、投げかけたりしていましたが、今ではそれがどの部署でもどんな役割の中でも、当たり前になりました。

もし、このようにすぐにエピソードが出てこなくても大丈夫です。まずは経営者自らが社員みんなのエピソードを伝えてあげることを始めるだけでいいのです。

「宮部さんが材料を運ぶのに苦労していました。それを見た村上さんは作業の手を止め、すぐに手伝ってあげていました。誰かの悩みを自分事に感じる行動、理念につながってるね、素晴らしいね」

「昨日営業から戻ったら、宮崎さんが午前中の営業ミーティングで決まったことを、早速お客様への配布資料としてまとめてくれました。事務所に戻ってやることが多かったので、本当に助かりました。明日のお客様の訪問で使わせてもらいます。本当にありがとう」

このように、社内であったことをただ伝えればいいのです。決して難しいことではないでしょう。

こういうことを繰り返していると、答えが見つからなかった人も、身近な体験を言葉にしてくれるようになります。

最初は、恥ずかしいこともあるかもしれませんが、日々の積み重ねによって、社内に悩み解消の文化、褒める文化が定着し理念が醸成されています。

理念が醸成され始めると、さらに深いことを考えられるようになります。こんな問いはどうでしょうか？

Q：パートナー企業の悩みを解消するために、私たちができることとはなんだろう？

A：パートナー企業の施工会社さんは、月初に仕事が少なくなると聞いています。だから、あえてそのタイミングで工事を入れるようにして、彼らの悩み解消につなげています。

A：私たちは、お客様の悩み解消をパートナー企業と一緒に取り組みます。時には、お客様も無理をおっしゃいます。パートナー企業が頭を抱えて大変な思いをしないよう、お客様に代替案を提案したり、できないことははっきり伝えたりします。それが、パートナー企業の悩み解消につながります。

A：仕事を提供しているから、私たちのほうが偉いとか、何を言ってもいいということではなく、あくまで対等なパートナーです。困ったことがあれば、何でも相談してほしいと、パートナー企業の担当者様に伝えています。

小さなことから考え、体現していきましょう。いつの間にか、みんなが理念を自分事として捉え、社内の会話の中で、理念が当たり前に登場することになります。理念が自分の行動基準になるのです。

日々の積み重ねが大切です。意識して小さなことを探してみるだけでいいのです。そうするとある時、大きな変化に気付くことができるようになるのです。「お！ そんなことに気付いてくれるようになったのか」とか、「そんなことまで考えてお客様の対応してくれているのか」「この考え方が根底にあれば、みんなに仕事を任せていけるな」と。そして「こんなに、いい考えで仕事をしているなら、もう業務の全てを任せることができるな」というように、つながっていくのです。

理念を覚えさせてもなんの意味もないことが、お分かりいただけたでしょうか。体現する。すなわち、それぞれが自分の身近なことを、理念をテーマに言語化するだけで、理念は醸成されていきます。その答えに正解・不正解を求める必要はありません。どんなことでも受け入れてくれる、それもまた組織の文化となります。

経営者やリーダーの考えた理念やビジョンが組織の中で醸成されていくと、経営者が不在でもみんなが同じ考えで行動できるようになります。その行動一つひとつに、目を光らせる必要はもうありません。行ったことの結果から新たな課題が見つかるのです。そしてまた新たな行動が生まれます。理念を体現して醸成する。皆さんはどうお考えになるでしょうか？

本章で取り上げた「システム経営®」、いかがでしたか？　社長業の本質は、捨てることにあります。そして、最適な組織と役割を明確にし、どんどん業務や責務を権限移譲していく。その鍵になるのが、経営理念です。この流れで、皆さんの事業が勝手に回り、成長するイメージが見えたのなら幸いです。

また、「システム経営®」について、もっと深く知りたいということがありましたら、遠慮なくいつでもご相談ください。どこにでも行きます。

終章

経営の言語化を始めよう

ここまで、私自身が経験してきた経営を言語化してきました。

本章では、これまでのストーリーの中で登場してこなかったことや、少し出てきたけれど詳しく触れていない経営に関する大切な考え方などを、言語化していきます。

私の経営の言語化は、皆さんにとっては特に目新しいことではないかもしれません。一方で、先人たちが紡いできた経営の言葉とその真相（本質）はつながっていると、私は常に肌で感じてきました。皆さんも、その新しい感覚や新しい視点を、ご自身の言語化で実現していただければ幸いです。

言語化24 業界の常識は非常識

新規事業を検討したり、新しい業界に参入したりする時に、感じることが多い「業界の常識」。ですが、その「常識」には、一般的には非常識だと感じるものも少なくありません。そして、そこにはビジネスチャンスが潜んでいたり、新規事業のヒントがあったりするので、常に意識をしています。私がエムアウトに在籍している時に、「業界の常識は非常識」という、この言葉に出合いました。

言語化1でも述べましたが、五常の「台車レンタル特急便」というサービスも、まさに業界の常識という非常識から発案したものでした。台車のレンタル品は16時までに返却しなくてはならない、夕方を過ぎてからでも返却できるシステムが欲しい、今すぐに借りたいというニーズにも対応していない、すぐに金額が知りたくても分からない……。レンタカーなどでは一般的になっているようなサービスの常識は通用していませんでした。台車レンタル業界ではレンタカー業界の非常識が常識なのです。それを解消するサービスにすることで、五常のレンタルサービスは伸びていきました。

私が常識・非常識について考えるきっかけとなった企業があります。株式会社ｏｈ！庭ｙａ！（おにわや）です。造園業界は昔からある古い業界ですが、新しい常識をつくり業界の常識に風穴を開けたのです。そして今では、彼らのサービスも業界の常識の一つになりました。

こうした成功事例の本質は、古い・新しいに関係なく、現在に通じることがたくさんあるので、自分の中にストックしておくといいでしょう。

一度こんなサービスを体験した顧客は、もう以前には戻れません。このサービスがなくなったら、また不便な生活に戻ってしまう。そんなポジティブな悩みをつくり出すこと

図表4　一般的な造園会社とoh!庭ya!の比較

従来の造園業界の常識	oh!庭ya!が作った常識
会計が不明瞭 依頼をしてもなんとなくという感覚で価格を提示され、会社によってまちまち。見積もりだけ頼むと露骨に嫌な顔をされる。また、追加料金の請求も多く、金額を常に気にしておかなければならなかった。	**明朗会計** ネットで見積もりシミュレーションができる。種類、高さ、本数、その他の条件を入れると、基本的な見積もりができて、費用感もすぐつかめるため、価格の不安を解消。
職人さんの質がバラバラ いい人もいるが、サービス精神がない人も多い。挨拶もなく、一見怖い人も多い。トイレがなければ、庭で済ませてしまうようなことも。なかなか話を聞いてもらえないし、説明も足りなくて不安になる。	**とにかく職人が優しい** 明るい挨拶、笑顔で、悩みや話を聞いてくれる。不安なことや分からないことも、分かりやすく説明をしてくれて安心。マナー研修なども徹底されていて、どんな人が来ても安心して任せられる安心感を提供。
切ることが仕事 美しい庭にすることが目的で、顧客に寄り添うサービス業的な側面が薄かった。ホームページもなければどんな人が来るのかも分からない。	**サービス業としての造園** お客様の抱えている、庭木の課題を一緒に解決してくれるパートナー。これまで仕方なく怖い造園業者さんに何かしら不満を感じていた人はもちろん、そもそも造園業者に頼らなかった人まで、まずは気軽に見積もりだけでもと敷居を低くした。

や、潜在的ニーズの掘り起こしの代表例にもなります。そして、既存の造園業者さんの意識も変わり、業界全体のサービスレベルを変えたきっかけにもなったと思います。このようなサービスの構築は非常に勉強になります。

一方で、もしこれがプロダクトアウト的なサービス設計の場合、造園の価格比較サイトのような感じかなと想像できます。結局は追加料金がかかり、職人さんの質も希望どおりではないかもしれません。業界の常識・非常識を意識することで、業界全体を変えることにもつながるのです。皆さんの業界でも、そんな一面は必ずあると思いますが、業界の常識は非常識について、皆さんはどうお考えになるでしょうか。

言語化25 採用はチーム面接で

企業は人でできています。だから、人材の採用にミスマッチは起こしたくないものです。一人の問題が、全体の問題に発展してしまうこともあるでしょう。五常でも実践している、失敗しない採用方法について触れてみたいと思います。

中小企業の採用の現場で、こんな声を耳にします。「中途採用のあの人は、社長の知り合いなんだって。いい人かなぁ」「次の新しい社員さん、どんな人が来るんだろう」「今回の人、うちには向いてない気がするよね」……。

なぜこのような発言が出るのでしょうか。

現場で一緒に働かない社長や役員の一存で、採用を決めてしまうことも要因の一つでしょう。そして、入社して数カ月後に、現場から「最初からあの人は嫌だったんだよな」「仕事と割りきってやってきたけど、もう限界です。社長なんとかしてください」といった不満の声が出てくるのです。

そうした社員たちの声に対して、社長が「あいつにはちゃんと言っておくからなんとか頼むよ、みんな」といった具合にその場をやり過ごそうものなら、現場の空気はさらに重くなっていきます。最悪の場合、既存メンバーが耐えきれずに、退職することもあるでしょう。

採用された人は、基本的に配属されたチーム（部署）のメンバーの一員になります。能力の高さはもちろん大切ですが、チーム内でメンバーとうまくやっていけるか、部の雰囲気に馴染めそうかといったことが、それ以上に大切なのです。今まで和気あいあいと和やかな雰囲気でうまくいっていた部署に、突然ゴリゴリの体育会系とか、ツンとした一匹狼みたいな人が配属されてきたら、どんなに能力が高い人だとしても一緒に働きたくないと思われてしまうでしょう。

このような人材のミスマッチを防ぐのは、非常に簡単です。経営者、所属予定チーム（部署）、及び関連するチームメンバー全員が採用面接に参加すればいいのです。

とはいうものの、現場の社員も忙しいことでしょう。人事が一次面接を行い、後日、配属チームによる面接・経営者面接という流れでもいいと思います。どんなに社長が採用したくても、チームメンバーが一人でもNGなら不採用にする、逆もまた然り。たったこれだけでいいのです。大切なことは、満場一致で採用を決断することです。

受け入れるメンバー全員が採用を決断するということは、その候補者の採用に責任を持つということになります。そうすると、好きだとか、嫌いだとかいった次元の低い発言はなくなり、たとえ衝突や問題が起きても、みんなで決めたのだから、みんなで解決できる方法を探すことになるのです。

このような採用の考え方を導入し、私はこれまで実践してきました。一緒に参加するメンバーも、最初はぎこちないところがありましたが、慣れてくると面接に変化が生まれます。部署の責任者自身が、事業のビジョンを熱く語ったり、入社前にチームメンバーと一緒に雑談したりすることで、価値観や仕事のイメージを共有することができるようになります。入社前後のギャップを埋めるのは、採用する側とされる側の双方にとって、大きなメリットとなりました。また、人事の素人だった頃の私自身も、採用の責任を分散できたことで気持ちが楽になりました。採用はチーム面接によってメンバー全員で決める。皆さんはどうお考えになるでしょうか。ぜひ、やってみてください。

言語化26 丸投げの定義

皆さんは、「丸投げ」の定義をどのように言語化するでしょうか。業務を任せるにあたり、どんな時は丸投げになり、どんな時は丸投げにならないのか。これは明確に定義づけされていないように思います。

私は丸投げの定義を、「任された人が、その業務の進め方をイメージできないこと」で判断すると言語化しています。任せる業務のレベルなどで判断するのではなく、あくまで任された人が決めることとしています。正解かは分かりませんが、今のベストはこれかなと考えています。

昔から、私は業務を丸投げしてきました。そして「これ、全然イメージできないですし、意味が分からないのですが」と、現場から散々指摘されてきました。実を言うと、私自身もやったことがないので答えがあるわけではなく、ましてや、やり方を教えることなんてできなかったのです。

そんな丸投げにならないようにするためには、大切な質問があります。それは、「この仕事に不安はない？　イメージできる？」というものです。この質問を投げかけた上で、考え方が一致していれば、決して丸投げになりません。

丸投げにしないためのポイントを以下にまとめました。

1 不安はないか、イメージできるかを聞く

人に仕事を依頼する時、特にその人が初めてやることについては、私はこの質問を必ず投げかけるようにしています。私自身がやったことのないことを任せる時も同じです。この一言で、その人が無駄に一人で悩んだりする時間を減らせたり、仕事へのストレスが大きく軽減できると考えます。答えのないことに対して、ずっと悩み続けるのは時間の無駄になってしまいます。

不安がある時には、その不安がどこにあるのかを一緒に探ります。単にそれを解消する方法を教えるのではなく、どうすれば解消できそうか相手の答えを導くのです。一方的に答えを教えても、それでうまくいくとは限りませんし、自分で納得して出した答えのほうが、自信が持てるからです。

2 その仕事への考え方を聞く

その仕事に対しての向き合い方、考え方を質問します。そうして出てきた考え方が納得できるものであれば、自分の考えることと多少はズレていても問題ありません。しかし、考え方に違和感を覚える時、理念や部署の方向性とズレていると感じる時は、どうしてそのように考えるのかを聞き、そのズレを修正していくことが必要です。

例えば、散乱した書類を片付ける業務を任せるとしましょう。ここで、こんな質問をするのです。「この書類は、どのように書庫に片付けるといいと思う?」と。これを聞かないで任せると、とにかく書庫に入れれば終わりにするか、用途や部署別に分けるのか、さらに日別に整理するのか、五十音順に整理するのかが、見えてこないのです。

そして、「各部署の人が使いやすいように、種類や順番、見出しをつけてみます」と、任された人に考えと方法がある程度明確になっているなら、安心して任せられます。

3 やり方は任せる

やり方は任せる。実はここが一番重要です。先の2つの項目を確認して任せたのであれば、途中でやり方に口を出してはいけません。書類を整理することは完了していますし、当初の考えに沿ってやってくれたのであれば、任せた側が想像していた最終形態とは違っていたとしても、文句を言ってはいけません。あとで文句を言うくらいなら、最初からそのこだわりの部分は伝えておくべきなのです。そうでなければ、「だったら、最初から言っておいてよ」と、不満が出てくることは目に見えています。2での考え方も聞かず、結果に文句を言うのはもってのほかです。

仕事のやり方に正解はありません。全く正反対なやり方で、うまくいっている会社もあります。みんなそれぞれ、これがベストだと信じてやってくれたのであれば、そのやり方は正解です。気になることがあれば、「どうしてこういうやり方をしたのか教えて」と、聞くことは問題ありません。その考えが、2で共有した考え方と全く違うのであれば、そこを指摘し議論すれば、不満は出てこないのです。

実際にあった五常の経理・財務担当のゆかりんと1億円の借り入れについて相談した時のことをご紹介しておきます。

私　　　：今、キャッシュで1億円が必要なんだけど、どうすればいいかな?

ゆかりん：新社屋の費用ですよね。銀行からの借り入れが絶対に必要ですが、普段の銀行さんとのやり取りを考えると、そんなにハードルは高くないと思います。

私　　　：銀行への借り入れの依頼を任せたいのだけど、イメージできるかな?

ゆかりん：額が大きくて、どういう判断で決定していいかが分からないので、少し不安ですね。

私　　　：私も一緒だよ、よく分からないから一緒に考えよう。期間はどのくらいで借りられるの?

ゆかりん：建物なので、なるべく長期で、15年から20年で考えています。

私　　　：どうして?

ゆかりん：これまで五常は、短期での借り入れしかしていないので。短期だと返済も大変です。でも今回は建物なので、長期での借り入れは可能だと思います。また、私：減価償却程度の無理のない返済金額に抑えたいですね。

なるほど、その考えはいいね。減価償却程度に返済を抑えられれば、経営的にも無理がないんだね。大槻さん・佐藤さん（会計士・師匠）はなんて言っていた？

ゆかりん：その考えでいいと、おっしゃっていました。返済で頭を抱えなくていいですしね。

私：いいじゃない、私も勉強になったよ。で、どこの銀行に、なんて伝えるの？

ゆかりん：K行、J行に相談しようと思います。建物の図面などを見せて、長期の借り入れをしたいと。

私：1億円ものお金を借りるには、それなりに両行とも覚悟が必要だよね。ただ長期で貸してくださいって言ったって、こちらの思いを理解してもらえない。建物のコンセプトなど、ちゃんと伝えなくちゃ。

ゆかりん：今回の建物は、ただのオフィスではなく、サステナブルオフィスという名称で、新しいオフィスの形を作りたい。こんな感じですか？

私：そうだね、さらに言うなら、地域の災害拠点になることも想定し、太陽光パネル、蓄電池を用いて、ライフラインの確保。井戸水の活用で生活をストップさせない。それを役所と一緒に連携して取り組む。

ゆかりん：なるほど。それを一緒に具現化する、パートナーとして参画してほしいと伝える。

私：そうだね、それで出てくる両行の答えを比較して、お付き合いしたいほうを決めればいい。私も同席する？

ゆかりん：同席不要です。スッキリしました。資料を簡単にまとめて支店長さんにアポを取ってみます。

私：では、頼むね。

建物のコンセプトなどは、一番よく知っている人から教われればいいだけです。必要ならその担当者に同席してもらえばいい。ここで最も大切なのは、銀行の担当者にこの建物のコンセプトに共感してもらえるかということです。その考えをゆかりんが持っていれば、経営者と同じ視点と言えます。

その上で、この仕事に不安な部分がなければまずはGOです。この時点で、仕事への不安はなくなっているのです。以降の細かいやり方には口を出さず、一任しました。これがポイントです。無事に銀行から1億円の借り入れは完了し、新しい事務所（サステナブルオフィス）が完成しました。もちろん、その途中でいろいろなやり方や、テクニックもあったでしょうが、そこは全て任せました。

この経理担当のゆかりんには入社してすぐ、先代の会長から、銀行業務・財務業務を全て引き継いでもらいました。これまで個人事業主の財務程度はやった経験がありましたが、最初は五常の仕事の任され方、責任の重さに、不安も大きかったようです。その都度その不安を一緒に取り除きました。今では自信もつき、私よりも鋭い視点を持ってくれています。細かいやり方に関しては彼女のオリジナルの方法になり、確認するのは考え方だけです。

そのマネジメントは武井部長に担ってもらっています。すでに任せて3年間、ゆかりんの考え方の基本は会社が持続的に経営できること。賞与の支給タイミングの見直しなども自発的に行ってくれて、日々改善されて新しい仕組みができあがっています。

任せられないことは、きっとないと私は考えています。考え方も聞かず、とりあえずやらせるなどということをしていたら、今の状況はないと思います。それは丸投げです。丸投げの定義について、皆さんはどうお考えになるでしょうか。

言語化27 会社の伸び代とは

会社の伸び代を、皆さんはどのように言語化されますか？　これは、企業の成長スピードにも関わってくることになるので、よく考えてみましょう。

「伸び代」という言葉を検索してみると、今後の発展や、成長していく可能性や見込みというようなニュアンスが出てきます。なんとなくそういうことだと、肌感覚では理解していますよね。その他には、会社の伸び代とは、会社の成長率などが用いられます。例えば、売上高の成長率、企業の利益率、中にはブランド力、競合との競争力など。でもこれらは、ある意味現状（これまで）の指標でしかありません。

もう少し具体的に見ていくと、資金調達したり、設備投資をすることなのか。広い市場を見つけることとか。取り扱うサービスが増えることなのか。たくさんの新商品があるということなのか。常にチャレンジすることなのか。それとも、広報戦略でウェブやSNSを活用することなのか。そのために組織を拡大したり、仕組みをつくったりと、これら企業の新しい取り組みは、会社が成長する要素（手段）でしかないのでしょう。

では、会社の伸び代はなんと言語化できるのでしょうか。新サービス、新商品、ＰＲ、組織や仕組みづくり。これらがどのようにしてつくられるのかを考えると、自ずと答えは出てきます。

それは、社内でこれらの取り組みをやろう！　と、社内の誰かが「決断」することでつくられるのです。

だから私は、「会社の伸び代＝決断できる人の数」と、言語化してみます。この言語化で成長している企業の特徴を説明できるからです。経営や日々の業務の中で、特に新しいことをやっている時には、様々な課題に直面するでしょう。それを解消するために、必ず決断する機会が生まれます。その機会に決断ができる数が増えれば増えるほど、会社は成長していくのだと思います。

決断できる人が、経営者やリーダー一人しかいないと、どういうことが起こるのか。事業の成長スピードに大きな影響が出てきます。社内で出てきた課題に対し、対策するための決断が遅れてしまうのです。下手をすると、社員やメンバーがその課題を隠すことも考えられます。なんでこんなことが起こったんだと叱られたり、自分のせいにしたくないと守りに入ったりしてしまいます。それは仕方のないことです。全ては、経営者やリーダーの責任です。

大切なことは、経営者やリーダーが「決断の先送りをしない」「課題を溜めない」ということです。課題が山積みになった組織は、何から対策を打つべきか、その課題の要因をひもとくことにも時間を取られてしまいます。社内の雰囲気がパッとしなかったり、事業の成長スピードが遅い企業の共通点の一つに、経営者が決断の先送りしている現場を、何度も見てきました。

だから、私は経営者として2つの役割を担います。

1つ目は、事業のビジョン（理想）を示し、今よりも高みを目指す決断をすること。そして2つ目は、社員が行った全ての決断に対して責任を持つことです。それは、経営者として決断する機会を極力少なくし、より難易度の高い決断だけをし続けることです。そして数年後には、その難易度の高い決断も、社内の仕組みとして普通に社員ができることを目指します。

五常では、「社長、これどうしましょう」と、社員から言ってくることはほとんどありません。「あなたはどう思うの？」と、質問返しされてしまうからです。だから、最初に目指すのは「社長、この課題の対策はこのようにしたいのですがどう思いますか？」と、課題と解決策をセットで持ってくるようにすることです。それをやっていると、「この前こんな課題があったのですが、こうやって対策しておきました」と、すなわち決断した報告になります。

その際に気になることがあれば、なぜそう決断したのかを考えを聞き、お互いの考え方を共有して、決断の難易度をお互いが上げていくのです。

こうやって、社員みんなが考え行動し、課題にぶつかり、その場で決断することができるようになっていきます。経営者しかできない決断なんて私はないと思っています。だから、経営者は社員が行った決断の責任を負い、さらにその先の未来のビジョンを社員に語り続ける。経営者としての2つの役割を担っていくのです。

これらを踏まえると、「会社の伸び代＝決断できる人の数」と言語化でき、経営者やリーダーは、決断の機会を社員に委ねていくことが非常に重要だと認識できます。自分より良い決断ができる社員なんていないよとこぼす経営者は、気付いていないだけです。経営者自身が成長し、難易度の高い決断をしているのであれば、必ず一緒に働く社員のみんなもたくさんの決断をしてくれているのです。

経営者がいつまでも最終決断をしているような組織では、会社の成長は止まってしまいます。権限移譲を積極的に行い、今、各々がやっていることを誰かに継承する。それを繰り返すと、決断できる人数は必ず増えてきます。会社の伸び代について、皆さんはどうお考えになるでしょうか。

言語化28 経営者の想いが文化をつくる

千葉県にある「Sora hair design」という美容室のお話です。今では、4年以上お世話になっていますが、このお店に出合うまで1年くらいお店探しが続きました。10年近くお世話になっていた美容師さんが、お店をお辞めになってしまったからです。

地域で検索をして、雰囲気の良さそうなお店、リラックスできそうなお店を中心に、5つくらいのお店に行ったと思います。どのお店も上手に切ってくださいましたが、2、3回くらいで違うお店に、を繰り返していました。

ネット検索をしている時、オーナーのこんなコメントが目を惹きました。

「私たちは一人のお客様の施術時間が長くなります。丁寧な仕事をするために必要な時間と考えます。早く済ませたい方は、ご希望に添えないかもしれません。【毎日の手入れを楽にしたい、心地よい時間を過ごしたい方】にはきっと、気に入っていただけると思います」といった内容で、他とはちょっと違う感じがしました。

よくあるのは、流行りのデザインや技術力、お客様に寄り添う、悩みを聞きますといった、一方通行のＰＲです。しかし、Sora hair design は施術時間の長さに、お客様への丁寧さや、向き合い方の考えが込められ、顧客のニーズとのミスマッチを防ぐため、誰も傷つかない表現で「誰に」を明確にしています。

オーナーご自身の経験から、美容師としての理想的なあり方を言葉にされたのでしょう。お店では毎月 Sora hair design の未来と社員の考えを確認し、気持ちを一つにする理念ミーティングを開催するそうです。そのせいか、いつもゆっくりした時間が流れ、にこやかで、優しい声が溢れています。

初めての時、担当のツバサさんは私の髪の悩みを聞き、それをどう活かすかじっくり打ち合わせて、切っている途中も日々の手入れのアドバイスをくれます。施術時間がかかるのは納得できます。

今ではお互いの仕事の相談をして、たくさんの気付きもいただきます。アシスタントのカエデさんは、新規顧客のリピート対策で、以前は全てのお客様に手書きのお手紙を送っていたそうですが、社員の負担が大きく、持続できないのでやめたそうです。

「だから私は、お客様と接している今この瞬間を大切にして、お客様と素敵な時間を過ごせるよう頑張っています。まあ日々、反省ですけどね」

自分の働く姿勢を言語化できるのはすごいことです。しかもまだ若いのにスタッフ皆さん一人ひとりが、自分の考えを持たれています。理念という方向性はみんな同じで。これがお店の心地良さを生み出しているのでしょう。また日々考えるからこそ、皆さん常に成長されるのだと思います。

経営者の想いがお店の文化をつくる。皆さんはどうお考えになるでしょうか。

言語化29 今求められる力

私たちに今求められている力とはなんでしょうか。本書で何度も登場している内容になりますが、再度言語化しておきます。

今は、モノやサービスで溢れています。必要なものはお金を出せば大抵は手に入ります。私は海外、特にアジアに行くことが多いのですが、あることに気が付きます。どこに行っても、不便を感じるような機会が少なくなってきました。

7年前にカンボジアに行った時は、ガラケーでした。移動はトゥクトゥクという三輪バイクの荷台に客が乗る車を使い、価格交渉が面倒で時にはすごい値段を吹っ掛けられたものです。さらに数年前から事業を始めている仲間は、ローカルで衛生面にも不安がある食べものばかりで、食事にも苦労したと言います。

今では、ほとんどの人がスマホを持ち、そのスマホでトゥクトゥクよりも小さな小型タクシーを呼ぶことができます。金額もアプリ内で決済され、距離計算の交渉も不要です。食べ物は日本のチェーン店がありますし、スタバには現地の若者が集まります。本格イタリアン、フレンチ、焼き肉、懐石料理まで、日本の豊洲で競りにかけられた魚が夜には寿司屋で握られています。3店舗目のイオンモールも完成間近です。

ベトナム、タイ、インドネシア、フィリピン、台湾、どこも若者が流行のファストファッションのお店で買い物をし、中国では3割の車がEVで、日本よりも便利なサービスもたくさんあるように感じます。日本には日本のいいモノがありますが、いいモノやサービスは、もう世界中どこでもその恩恵を受けられるのです。だから、いいモノやサービスなどの解決策自体は、あくまで人の悩みの解決策でしかありません。

だからこそ、今求められるのは解決策ではないのです。今求められる力は、本当の課題を見つける力です。悩みの本質の部分を見つける力なのです。それを理解せず、手当たり次第に商品やサービスを試しても、失敗を繰り返すことでしょう。

何を売るかを決めることや、商品知識の豊富さに価値はなく、誰がどんな悩みを抱えているのかを見つける力に、価値があるのではないかと考えます。人や企業、社会が抱える課題を見極めることができれば、それを解決する仕組み（ビジネスモデル）が生み出せるのです。そうすれば、自ずと売上はついてきます。

そして、自社の商品が売れているのであれば、なぜそれが売れているのか、本質を理解するのです。お客様にその理由を何度も何度も聞いているうちに、きっとその本質が見えてくると思います。いい商品だから売れているのではありません。商品の品質や安全性、食べ物ならおいしさなど、そんなものは今の商売ではあって当たり前ですし、なくてはお客様の選択肢にも挙がりません。

そして、今日では自分の課題を見つけてくれる、一緒に共感してくれる人からモノやサービスを買いたいと思われます。何を買うかではなく、誰から買うかが重要なのです。

五常の社員が物流の展示会に行き、取引先のお客様のブースを訪れたときのエピソードを終礼で報告してくれました。それは、「五常さんにいつも相談に乗ってもらえるから本当に感謝しています。そして、これからも五常さんから台車を買いたいです」というものでした。それを聞いて社員みんなが笑顔になりました。

このような言葉は、簡単にいただけるものではありません。日々、社員みんながお客様の課題の本質に自分事で向き合っているからでしょう。

だから私たちは、物事の本質を見極める力をつけていきます。そのためには、常に問い続け、学び（考え）続けるのです。それを言語化しましょう。そうすることで、多くの人にその考えが届き、求められるようになります。目の前には行列ができていることでしょう。

今求められる力について、皆さんはどのようにお考えになるでしょうか。

おわりに

これまでの経営を通じて、結果的に父（河野博）に幼い頃話してもらった言葉が、私の人生に大きく影響していると感じてきました。本書を書き進める中でも、普段の業務の中でも、父の言葉から自分のたくさんの考えを言語化できたと思います。

私は幼い頃、父が会社での出来事を母に話しているのをたくさん聞いてきました。その中の一つに「感性」という言葉があります。ことあるごとに父が「感性が大事だ」と話していたことが耳に残っています。私は、昔は感性＝センスとか個性といったことだと言語化していました。ビジネスにおいて、尖ったサービスやユニークさがとても重要だと私も語っていたように思いますし、それが、これまで人を惹きつけるサービスをつくれた理由かもしれません。

ですが、現在はそれとは別の内容で言語化できるようになりました。

それは、「気付く」といった感受性です。誰かが困っていることに気付き、どうして悩んでいるのかを自分事で考え、すぐに声をかけることができるようになったことが、私自身の経営に生かされていると思います。感性という言葉を、自分自身の経営の中のできごとで具体的に言語化して、人に伝えることができています。きっと父は自身の仕事の中で、感性という言葉で関わる人たちに何かを言語化して伝えていたのだと思います。

「優しさ」というのも父から教えられた言葉です。

皆さんは、優しさを言語化できているでしょうか。優しさというと、思いやりとか、心が温かいとか、相手の利益や喜びのために損得を考えない行動といったことが思い浮かぶかもしれません。父は、私にこんな意味合いのことを話してくれました。

「優しさとは、自分よりも喜びを大きく感じる人に、その何かをあげられること」であると。そして父は分かりやすく言語化してくれたのです。「目の前に非常に珍しい高価なフルーツがある。自分は初めてそれを食べた時、その甘さと口溶け感に大きな感動を覚えた。もちろん、今、自分が食べたい気持ちはある。でも、これを食べたことのない人がいて、その人が食べた時の喜びは、きっと今、自分が感じる喜びを大きく上回るだろう。だったらその人にあげよう。それが優しさだよ」と。

これは、一般的によく言われる、自分自身の利益や喜びよりも、他人の利益や喜びを優先して行動することといった優しさとは少し違うのです。自分の喜びの度合いと比較するという表現は、優しさの言語化として、今でも私の考え方の一つにインプットされ、判断基準の一つになっています。

最後は、「どうしたいのか」という言葉です。子どもの頃、晩ご飯を食べたくないなんていうことが誰にでもあったと思います。まだお腹は空いていないし、でも食べないというのは悪い気がするし……。ご飯の時間になっても、なかなか自分の気持ちを言い出せず、ゴロゴロしていました。

「今、食べるのか、食べたくないのか、どうしたいかを伝えろ！」と、父に言われたのです。「お前がどうしたいのかをはっきり言えば、お母さんはいつ温めようとか、悩まなくて済むんだよ！」

ごもっともです。自分が言わないことで、誰かに気を使わせていることに気付かされました。決して、「作ってくれた人に悪いから食べろ」とか、「食材がもったいない」ということではなく、相手に気を使わせることのほうが良くないと、言語化してくれたのだと思います。

現在、会社を経営していて、社長はどうしたいのかをはっきりしてほしいと、社員から言われることがありますし、私もよく「あなたは、どうしたいの？」と聞くことができています。これにより、みんなが気を使わず、その人のどうしたいに向き合って実現しようとする行動が生まれ、非常にいい言葉をもらったのだと感じます。

大切な言葉や自分の考えや、相手の行動の意味を言語化できることが、大変重要なことだと子どもの頃から教えてくれた父には本当に感謝しています。それらの言葉は、人に考えるきっかけを与え、人に伝わり続けるものだと思います。今でも父のたくさんの言葉が、経営の大切なポイントにつながっていることに気付かされます。

最後に、本書のテーマ、経営の言語化について補足しておきます。今回、書籍化を進めるにあたり、何度も何度もこれまでの自分の経験を振り返り、そして体現することで言語化できるのだと気付くことができました。すなわち自身の経験、商売であれば商品一つひとつが売れた経験、たくさんのチャレンジした結果、そこから体現すると、様々な意味を見出せると思います。

どんなに頭で考えても結果は生まれませんが、一度、一歩踏み出せば必ず何らかの結果が生まれます。池に石を投げると、必ず波が起こるのです。その波がどんな人に届き、自分に跳ね返ってきたのか。何が喜ばれ、どんな問題が残ったのか。それを体現することから、経営の言語化が始まります。現場に解あり。全ての答えがそこにあります。

皆さんもご自身が行ってきたことを振り返り、ぜひ言語化してください。それを仲間でも、家族でも、友達でも、隣の誰かにでも、勇気を出して話してみましょう。何かが生まれるのはそこからです。本書で述べてきた経営の言語化、何か一つでも皆さんが考えるきっかけになり、新たな行動が生まれたのであれば、幸いです。

今日も素敵な一日を。経営の言語化について、皆さんはどうお考えになるでしょうか。

河野佳介

謝辞

本書の執筆を終え、改めてこれまでお世話になった方々の顔が思い浮かびました。ここで、その御礼をお伝えできればと思います。

山口義行先生（立教大学名誉教授、中小企業サポートネットワーク「スモールサン」主宰）。スモールサンで先生の講義を受け、経営における本質の見つけ方を身につけたことで五常の意義・意味を見出すことができました。ここまで成長できたのは先生のおかげです。本当にありがとうございます。

佐藤智明様（経営顧問家・保険業）。五常の経営のターニングポイントには、いつもそばに寄り添っていただきました。商売の「誰に」の重要性に気づき、商売とは悩み解消だと言語化できたのは、佐藤さんのおかげです。いつも何時間も一緒に話し込み、たくさんの気づきをありがとうございます。これからもよろしくお願いします。

萩原直哉様（株式会社オプティアス代表、中小企業を専門としたM&Aアドバイザー）。「情報を制するものはビジネスを制する」。この言葉に五常は救われました。「世の中事」を「自分事化する」M&A思考は、経営の言語化のもう一つのベースとなっています。いつもありがとうございます。本書執筆のきっかけ、PHPエディターズ・グループとの出合いをありがとうございます。

強力雄様（株式会社ゴーリキ代表取締役社長）。会えばいつも深夜まで経営について語り、たくさんの気付きをありがとうございます。雄さんの独自の視点での言語化には、いつも大いに感銘を受けております。これからも、いろんな言語化をしていきましょう。

髙橋美香様・伊藤利文様・皆様（株式会社PHPエディターズ・グループ）。本書の執筆において、読者の視点で本書の言語化のサポート、的確なご指摘に感謝いたします。様々な経営者の考え方を言語化し、それによりたくさんの気づきや行動が世の中に生まれています。素晴らしいお仕事ですよね。今後ともよろしくお願いします。

五常のメンバー（工事部：淳さん、宮部っち、中村さん、村上くん、桐越さん、佳成さん、水野くん、林くん　Dガールズ：ゆうきんぐ、みきさん、ようこりん、あさみん、しょこたん。営業部：宇井氏、アーリー　物流部：ヒデちゃん、きっくん、ハットリくん　WEB戦略：ジョージ、ゆりりん、ゆうや、ひとり　総務・経理：みゆき店長、ミナさん、ゆかりん、ももりん)。いつも、皆が自分事で、お客様、会社、社員のみんなのことを考えてくれていることに感謝しています。常に新しいことの連続で、みんな本当に大変でしょう。誰かの悩みを解消し、ご自身と関わる方の幸せの実現に向け、いつも自分事で考え、動いてくれて本当にありがとう。

これからもたくさん笑おう！　楽をしよう！　楽しもう！

〈著者略歴〉

河野佳介（かわの　けいすけ）

1977年福岡県生まれ。2000年宇都宮大学農学部卒業後、CVSのam/pmに新卒入社しオーナー運営指導、新業態部署に従事。2008年より新規事業創出企業のエムアウトで、人事・総務・事業開発・営業の経験を積む。2011年株式会社五常（千葉市若葉区）に入社。取引企業は１社のみ、社員は８名という経営状態に危機感を覚え、試行錯誤の末に入社から約10年で事業を５つに拡大し、売上は10倍に急増。さらには社員数27名（2023年７月現在）の企業に成長させた。2017年株式会社五常代表取締役社長就任。自らの経験から、経営者の思いを言語化することが組織を大きく成長させることに気付き、本書を執筆。

現在は、社長業のほか、新規事業、営業戦略、組織等に関するセミナー講師や、外部取締役として研修等を行っている。

経営の言語化
社員と組織を成長させる言葉の力

2024年2月1日　第1版第1刷発行

著　者　　河野佳介

発　行　　株式会社ＰＨＰエディターズ・グループ
〒135-0061　東京都江東区豊洲5-6-52
☎03-6204-2931
https://www.peg.co.jp/

印　刷
製　本　　シナノ印刷株式会社

ISBN978-4-910739-43-4